40のサインでわかる乳幼児の発達

—0・1・2歳児が生活面で自立する保育の進め方—

くらき永田保育園 監修
鈴木八朗 著

黎明書房

はじめに
―子どもからのサインを受け取る―

私は、保育園長ではありますが保育士ではありません。13年前にこの仕事に就くまでは、母子生活支援施設で虐待を受けた子どもや、夫の暴力（DV）から逃れてきた母子の心身のケアを仕事にしていました。そこで学んだのは、「個別性」の大切さでした。

そのこともあって、その後、保育園を立ち上げるチャンスをいただいたときには「小さな学校ではなく、大きなお家」という合言葉のもと、一人ひとりを大切にする家庭的な保育園をつくりたいと思いました。

しかし、保育の世界に入ってみると、「集団での活動」に子どもを合わせていかねばならないことに悩みを抱えている保育者や保護者が多くいることに気づきました。

乳児期であれば、誰もが発達の違いや生活時間の違いをもって保育園に入所していることはわかっています。眠くなる時間も、おなかがすく時間も違えば、できることも違う。当然、子どもたちの興味・関心もすべて違います。

にもかかわらず、**給食の時間に眠くなっている子どもをなだめすかして食事をさせなければならないことに矛盾を感じたり、「○○歳なんだから××ができなきゃ」というような達成目標**

に悩んだりしている人たちの相談をたくさん受けるようになりました。

みなさん子どもが大好きなのに、どうしてよいのかわからない。実際、私自身も初めての保育園運営にとまどうことばかりでした。そんなとき、原点に帰って「個別性」を大切にしよう、と思ったのです。私の座右の銘でもある「稲のことは稲に聞け」というスタンスで、子どもが何を欲しているのかという視点と実態から保育を見直していきました。

まず、最初に気づいたことは「子どもは、今成長したいことを、くり返しくり返し、一生懸命におこなっている」という事実と、ノンバーバルなサイン（言葉ではないメッセージ）をたくさん発しているということでした。そして、**子どもからのサインに従って保育を進めていくと、**食べこぼしが少なくなり、おむつ替えのときに抵抗する子どもがいなくなり、**保育室が落ち着いた空間に変わっていきました。**そうすると、しぜんと子どもとゆったりかかわることができ、そして、子どもからのサインも今まで以上に受け取れるようになったのです。

また、子どもからのサインを的確に受け取るために、ケアワーク担当制と称して、「個別性」に重点をおく方法で保育にあたっています。簡単に説明すると、「食事・着脱・排泄」は担当職員がしっかりと把握し、あそびに関してはみんなで見ていくというスタイルです。

さらに、子どもから受け取ったサインを保育に応用していくことを「保育をデザインする」

と呼んでいます。「時間・空間・モノ・ヒト」という４つの視点をもって保育を最適なものにしていくことを、このように呼んでいます。

保育者や保護者は子どもが思うように動いてくれなかったとき、ついつい自分を責めてしまったり、逆に子どもを必要以上に叱ってしまったりすることがあります。しかし、保育というのは一つの理由で全てうまくいくような単純なものではありません。「活動時間が短すぎないか？」「ここは、子どもが集中できる場所なのか？」「使っている道具のサイズや数は適切か？」「職員の立ち位置や声かけは適切か？」……。このように、子どもからのサインを受け取ったあとも、一人ひとりを大切にしていくそのプロセスが重要になります。

園では、左の「見守り12か条」を行動指針として保育にあたっています。本書ではこの考え方をベースに、実際におこなっている「子どもからのサインを受け取る保育のコツ」を、できるだけ多くお伝えしたいと考えています。なお、この本は保育者向けに書いたものですが、日々の子育てに勤しまれているお母さん方にも十分お役に立つものと信じております。

社会福祉法人 久良岐母子福祉会 くらき永田保育園園長

鈴木八朗

くらき永田保育園 見守り12か条

1 子どもの動線や発達に配慮した環境をつくる

職員が身につけるべきもっとも重要な仕事は、環境の整備です。このためには、個々の子どもの発達段階を具体的に把握して、子どもがとまどわない環境を構成します。

2 声は飛ばさず、手渡しで

大声で、子どものあそび環境を壊してはいけません。そして、遠くから、また上から声をかけるのではなく、子どものそばに行き、目を見て伝えます。

3 わかるように提示する

道具・玩具は子どもが理解できるように説明し、提示します。

4 環境との交流

子どもが環境との交流をもち始めるまでは積極的に、交流が始まったら消極的に接します。職員は能動的な精神をもちつつ子どもが集中し始めたときは受動的な立場で子どもの行為や心の動きを観察します。

5 助けの限界を絶えず考える

物を探していたり、自分がどこであそびたいか迷っているなど、支えを必要としている子どもこそ注意深く観察し、助けるタイミングをはかります。

6 呼ばれたら、その場に行く

原則として子どもから呼ばれたらその場所に足を運びます。

7 子どもの活動（あそび）は尊重する

子どもが集中して活動している（あそんでいる）ときは、決してたずねたり、中断させたりせず、あそびに専念してもらいます。

8 あそびや活動を終えた子どもの前に姿を現す

満足感をもって活動を終えた子どもの前に現れ、共感し、認め、「ちゃんと見ていたよ」感を伝えます。

9 休息している子どもは無理をさせない

ほかの子のあそびを見ていたり、休息している子どもに無理に何かをやらせたりせず、同じ空間にいることを評価します。また、あそびが見つけられない子どもとの違いを見極めます。

10 保育士は存在を感じさせる

子どもは不安があれば保育士を探すので、「ここにいるよ」という存在を感じさせ、子ども自身がその安心の中で活動できれば、じょうずに離れます。

11 くり返し導く

あそびを拒否したり、理解しない子どもに対しては、主体的な行動に結びつくように何度も優しく導きます。

12 たくさんの小さな報酬

子どもの自己肯定感は大人がつくります。子どもからのあらゆる「できたよ」のサインに対し「見ていたよ」という視線で小さな報酬を与えていくように心がけます。

40のサインでわかる乳幼児の発達
—0・1・2歳児が生活面で自立する保育の進め方—

目次

第2章

食事を見守る ……… 31

第1章

子どもからのサインはこうして受け取る

サイン1 子どもの行為は、成長の喜びと成長したいという欲求のサイン

「きたないものでも何でも口にしてしまう」「ティッシュをまるごと一箱分、引っ張り出してしまう」「机の上に上ろうとする」……。

大人にとっては困った行為ですが、すべて理由があります。何でも口にするのは、なめることによって目で見たものの固さや形を認識しているのですし、ティッシュを引っ張り出すのは、指先に力を込められるようになったのが嬉しくて、何度もくり返すのです。

子どもの行為はすべて、**「こんなこともできるようになったよ！」という喜び、「もっとやりたい、できるようになりたい、成長したい」というサインです。**「今、自分が伸びたいこと」を全力でやっている姿なのです。

このサインを読み取り、受け止めることができれば、子どもの行為に対して必要以上にストレスをためることなく、見るべきポイントを冷静に確認して対応することができるようになるでしょう。

大人から見ると「やめてもらいたい」と思われる行為かもしれませんが、逆に「もっとそれを促せる方法はないか？」という視点に立つことが大切なのかもしれません。

赤ちゃんは口で世界を知っていきます。
なめることによって固さや形など
自分の身のまわりの環境を知ろうとしているのです。

見守りポイント

発達に関する知識をもとに，
「この行為はどんな成長欲求のサインなのか」を常に考える。

サイン《サイン》2 何度もくり返すのは、機能を獲得しつつあるというサイン

0・1・2歳児のあそびは、大人が考えるあそびとはまったく違います。0・1・2歳児が、握る、振る、積む、並べるなど、大人にとってはあたりまえの行為を何度も何度もくり返すのは、様々な機能を獲得しつつあるというサインです。それは、子どもにとってたまらなく魅力的なあそびなのです。

そんなあそびを、「機能練習あそび」と名づけました。**機能練習あそびを満足するまでやらないと、その後、「ごっこあそび」やパズルのような、「完成形のあるあそび」に向かうことができません。**大人にとって困る行為も、あそびとして認識することで、子どもとのかかわり方も変えることができます。何度もくり返すことができ、園の生活に支障をきたさないあそびに落とし込めるよう工夫していきましょう。

乳幼児のあそびとは、五感をフル回転させて、生きていくための力を獲得する生命活動だと考えています。それを通して集中力や観察力、好奇心など、目に見えない大切な能力を獲得していくのです。保育室には、子どもたちが興味・関心をもってあそびたくなる様々な色や形、また、あらゆる機能練習あそびができるおもちゃを用意することが大切です。

大人にとっては困る行為も，
子どもにとっては大切なあそびです。

見守りポイント

困った行為をあそびに落とし込み，
満足するまでできるよう工夫する。

【おもちゃの一例】

ティッシュのような薄い布を引っ張り出してあそぶ手作りおもちゃ。ミルク缶にゴムで口を絞った厚手の布をかぶせて作ります。

サイン 3 「できたよ」のサインを1対1で受け取る

乳児期は、集団で1か所にいても基本的には一人あそび、または並行あそび（同じ空間、おもちゃで一人あそび）をしています。そして何かができたら、大人に「できたよ」と知らせたくて、集団の中にいても保育者に向けて1対1の関係でサインを発してきます。

例えば、目の前にあった積み木を重ねることができたときなど、子どもが顔を上げて「ほらできたよ」と保育者を探していたり、手をパチパチたたく姿が見られたら大きなチャンス。にっこりアイコンタクトして「見ていたよ」「わかっているよ」と伝えましょう。

これを私は**「小さな報酬」**と呼んでいます。「報酬」というと、シールのごほうびなどと誤解されそうですが、そうではなくて、**目に見えない喜びを共有し、サインを受け取った印を発することです。**みんなの前で大声で一度ほめるより、何人子どもがいても、1対1の関係で小さな報酬を積み重ねていくほうが子どもをずっと安心させます。それは、自己肯定感や集中力にもつながっていくでしょう。

このとき注意したいのは、「できるぞ、できそうだぞ」と子どもが集中しているときに「すごいねー」などと声かけをして、集中をさえぎってしまわないことです。

「見ていたよ」「わかっているよ」は，
アイコンタクトだけでも十分です。

見守りポイント

一度の大げさな声かけより，
アイコンタクトで「小さな報酬」を積み重ねる。

サイン4 行為に名前をつけると、発達への欲求がサインとしてはっきり見える

職員どうしが共通認識をもたずに、子どもの発達を支えることはできません。例えば、「スプーンをちゃんと持てるように介助しましょう」というときに、一人ひとりの職員が考える「ちゃんと」の内容が違ったら、連携ができません。

そこで、スプーンの持ち方を「パームグリップ」「サムグリップ」「ペングリップ」と命名しました（51ページ参照）。それぞれの写真を撮って、園内研修で使うマニュアルを作り、誰が見てもわかるようにしたのです。

このように、行為に名づけをすることはとても重要です。**名前をつけることによってはじめて共有できる課題もありますし、改善策を提案することもできるのです。**

また、行為や活動を具体的に命名すると、育ちたいという子どものサインがはっきりと目に見えてきます。単なる「はいはい」ではなく「ずり這《ば》い」「四つ這い」「高這い」と言葉を使い分けるだけで、子どもが体のどこをもっと使いたいと感じているか、意識することができます。

おもちゃの持ち方においても、「つかむ」「つまむ」「にぎる」の使い分けから、発達のサインが見えるようになります。個別に、ていねいに子どもを見守る第一歩です。

スプーンの持ち方について
スプーンをグーの手で持っているのですが……。
どっちかな

子どもの行為に名前をつけて共有すると，
もっと楽に伝わります。

見守りポイント

名づけることで職員の中に共通認識ができ，
課題を共有できる。

サイン 5 「やりたい」のサインは発達のチャンス

最も大切なのは、子どもの発達の度合いに合わせ、できることがどんどん増えていくように配慮すること。逆にいえば、いくらていねいに優しく介助しても、「やりたい」のサインを見逃して、育ちたいという気持ちを奪ってしまうようなケアはＮＧです。

手洗いの介助で考えてみましょう。はじめは大人が全部をやっていますが、だんだんと子どもにできることが増えていきます。手首を返すことができるようになったら、水道の蛇口を自分で開けてもらいましょう。もちろん、水の出しすぎや出しっぱなしには注意するべきですが、できることを増やしていくことのほうが優先です。自分で手を洗える子は洗いますし、まだ自分で洗えない段階の子はいっしょに洗うようにして、徐々に洗い方を伝えます。

着替えの場面などでは、急いでいるとどうしても大人がやってしまうことがあります。でも、**せっかくできるようになったことをやらせないのは、発達のチャンスを奪うことになりかねません。**一人ひとりの発達をよく見て、**もうできる段階になっているのに大人が気づいていないことがあるのでは？**と検討する視点も大事です。

また、自分でやりたいという主体性を促す言葉かけや環境構成が大切になってきます。

子どもの限界を見極めて，
介助するタイミングを
はかることが大切です。

見守りポイント

急いでいるからと大人がやってしまうのは，
子どもの発達のチャンスを奪っているのと同じ。

サイン 6 「できばえ」を見て子どものサインを細やかに受け止める

子どもが何らかの課題に取り組んでいるとき、それを「できた」「できない」という単純な二つの基準で見てしまうと、取りこぼしが多くなります。

例えば、スプーンでごはんを食べるという課題の場合、どうしてもスプーンの持ち方ばかりに目がいき、「持てたか」「持てないか」の二択で見がちになりますが、そうでない見方、「できばえ」を見るように意識します。

「持てたらＯＫ」という単純な判断基準で見ると、スプーンで食べていればなんでもいいということになり、犬食いでも、丸飲みでもいいことになってしまいます。そうではなく、**スプーンで「どう食べているか」を見る。これが「できばえ」を気にするということです。**

また、食べる意欲がない子の場合、まず空腹感を感じてもらう必要があります。その中で、スプーンを持とうとする意欲を見せたり、食べたいものを指差したりしたら、それを「できばえ」という言葉で表現しています。「できばえ」は広く多様なシチュエーションを含んだ言葉ですが、これを意識することによって子どものサインをよりいっそう細やかに受け止めることができます。

スプーンの持ち方は正しいか？
使い方がわかっているか？
スプーンと食器の相性は？　など，
問題を探ることが，次へのステップになります。

見守りポイント

「できた」「できない」だけで見ず，
プロセスや意欲を広く包括する
「できばえ」という言葉でとらえる。

サイン 7 どの保育者も同じ手順で対応すれば、子どもから安心のサインが

私の園では、食事のときは汁ものから食べ始めるという約束があります。最初に汁もので口の中を潤《うるお》しておくと、食べやすいからです。職員全員で相談してこのルールを共有しているので、どの保育者が介助しても汁ものからスタートです。

保育者によって手順が違うと、子どもはこれからやることの見通しが立たず、迷ったりとまどったりすることが増えてしまいます。よく、デパートの開店時間にたとえるのですが、その日のお客さんの要望によって開店時間を変えたら苦情が出ますし、お客さんはとまどってしまいますよね。保育においても「優しくしてあげる」という名目でやったことが、子どもを不安にさせることがあります。

いつ、誰が介助しても同じ手順なら、見通しが立つようになり、それが子どもの安心感や主体性につながって、食事を楽しむことができるようになります。また、「自分でできることを増やす」ためにも、手順が一定であることが必要なのです。ただし手順は同じでも、声かけの言葉などは子どもとの関係性などによって変わります。大きな方針を共有していれば、言葉が違っても方向性が大きくぶれることはありません。大事なのは子どもを迷わせないことです。

職員間で決まりをつくって共有すれば，
子どもを不安にさせることはありません。

見守りポイント

子どもが安心できるように，
いつ，誰が介助しても手順を同じにする。

サイン 8
まねをしたがるのも、子どもが発するサイン

保育者の仕事の一つは、子どもによい見本を見せること。それは、子どもが迷わないようにするためです。手順がわかると見通しが立つようになり、子どもの行動も変わってきます。

そして**見本とは、立ち居振る舞いと言葉のセット**だと思います。つまり行為と感情、あるいは雰囲気をセットで伝えたいのです。何のやり方を伝えるのでも、「こうするんだな」という手順の理解と、「こうすると気持ちがいいんだな」とか、「なんとなくいい感じだな」という思いがセットになって伝わっていくことが理想だと思います。

とくに、この時期の子どもは、新しいことを身につけたいと、じっと見てまねるのがじょうずですから、保育者は見られていたらそれをサインと受け止め、振る舞うべきです。そして、「きれいだね」「気持ちがよくなったね」という言葉を聞いて「ああ、これがきれいっていうんだな」「気持ちいいってこういうことなんだ」という思いが子どもの体にしみ込んでいきます。

食べるときの姿勢、脱いだものをたたむ動作、そんな一瞬にも、子どもにまねしてほしい振る舞いを意識したいもの。逆にいえば、**まねされたら困る態度や動作は、子どもの前で見せてはいけません。**〝まねる〟は〝学ぶ〟の始まりです。

行動と感情をセットにして伝えることで，
行為の意味を理解して，見通しの立つ子に育ちます。

見守りポイント

子どもにまねしてほしい動作や態度を常に心がける。

サイン9 「どう伸びたいのかな」と見守れば、サインはいくらでも見えてくる

「わあー、すごいね」「よくできたね！」

子どもの自己肯定感を大切にしたくて、そんな声かけをする場面がよくあります。日本の子どもは自己肯定感が低いからほめて育てましょうという主張もしばしば耳にしますね。

一方で、昔ながらの、「子どもは善悪がわかっていないのだから、叱らなければ育たない」という考え方もあります。

でも、**ほめて育てるのも叱って育てるのも、実は同じではないでしょうか。**なぜなら、「こうやれば子どもはこうなるに決まっている」と考えて子どもを誘導している点では似たりよったりだからです。

子どもの自己肯定感を大切にしたいなら、**パフォーマンスのような声かけよりも「今、この子は何をどう伸びたいのかな」という目で見守りたいもの。**そのつもりで見ていれば、子どもはいくらでもサインを出していますし、ヒントがたくさんあると思うのです。

子どもの最善の利益を保障するということは、大人が考える「よいこと」を押しつけることではなく、子どもが今、欲していることに気づき、適切に対応することなのだと思います。

大げさなパフォーマンスの裏側には,
子どもを自分の思い通りに誘導しようとしたり,
大人自身が自分をよく見せようとする気持ちが
働いていることがあるのかもしれません。

見守りポイント

大げさな声かけより,子ども一人ひとりの
サインを受け止めるほうが自己肯定感を育てられる。

サイン10 自ら進んでできるようになったら、マイルールになったサイン

例えば、食事のあとかたづけを考えてみましょう。先生に言われて、椅子を机の中にしまったりテーブルをふいたりする。これはあくまで、アザーズルール（他人のルール）で動いているということです。

でも、**声かけをしなくても、放っておいても、自分であたりまえにできるようになるのがいちばんいいはず。**例えば、ごはんのときには自分でエプロンをかけて、椅子を食べやすい位置まで自分で持っていくようにします。かたづけることまでが食事の流れの中に入っていて、毎日毎日、何百回もくり返すと完全にマイルールになります。

これを可能にするためには、手順を一定にすることです。食事場面では「完食」だけではなく、準備からあとかたづけまでの一連の動きを人に言われなくてもできるようになることが、その後の楽しい食生活につながっていきます。**行為の質を上げれば、生涯を通して見たとき大きな財産になります。**言われなければできないのは、まだマイルールになっていないサインです。

同時に、くり返す行為とともに「きれいになったね」「気持ちいいね」と、感情も言葉にしていっしょに伝えていくことが大事です。

散歩の前に
身支度する。

手を洗ったらふく。

生活習慣が
マイルールになったとき，
本当の意味で
自立を獲得したことになります。

あそんだら，かたづける。

見守りポイント

毎日くり返す行為の質を上げることも，
保育者の役割と考える。

column

「指差す」という行為

手にはいろいろな機能があります。まず，道具を使うこと。そして，熱さや冷たさを感知するセンサーとしての機能もあります。さらにコミュニケーションのツールという大切な役割もあります。例えば，「指差し」はその代表です。

最初のうち，「ほら，あれを見てごらん」と大人が何かを指差すと子どもはその指を見てしまいます。けれど徐々に自分でも，キラキラしているものや動くものを「あ，あ」と指差すようになります。これは単なる注目ですが，次第に「これを食べたいの」「あっちへ行って」などと，意図をもって自分の意思を伝えるために指差すことができるようになります。

まず，子どもが指差すという行為をやってくれて，それに対して大人が近寄り，「ああ，キラキラしているね」「犬だね」と認める。そのプロセスを通して，いっしょにものを見て会話をすることが成立していきます。

「豊かな手」を育てるとは，こうしたことも含めてトータルに手の発達を促すことだと思います。そのためには，保育室にできるだけたくさんいろいろな色や形や素材のものがあったほうがよいですね。

第2章

食事を見守る

11《サイン》 授乳期の子どもから、食べる意欲のサインを引き出すには

どんなに小さな子にも、自分で食べようとする力があります。

0・1・2歳児の食事では、どうしても大人の介助が必要な場面が多くを占めます。けれど、保育者の工夫次第でいくらでも子どもたちの「自分で食べる力」を引き出すことができます。

例えばミルクの飲ませ方です。抱っこしてミルクを飲ませるときは、常に子どもの両手が自由に使えるようにしておきます。このとき、子どもの手を保育者の脇に入れたり、押さえたりしないようにします。

哺乳びんを口に運ぶとき、子どもの利き手の前を通って運ぶようにすると、子どもが自分の利き手で哺乳びんを支えることができます。小さなことですが、これも18ページでお話した「自分でできることを奪わない」の一例です。これだけで**「食べさせてもらっている」**から**「自分で食べている」へと場面が変わります。**

哺乳びんを支える手は、食べる意欲を表すサインです。この手がやがて、コップを支える手、スプーンを持つ手へと成長していくのです。

■ミルクの飲ませ方■

●最初に「ミルク飲もうね」と
声をかけてから。

●子どもの両手を
ふさがない。

●しっかりと
目と目を合わせる。

●「おいしいね」と
子どもの気持ちも言葉にする。

●子どもの利き手の前を通すように
ミルクを口元へ運ぶ。

見守りポイント

授乳期の子でも，哺乳びんを自分の手で
支えられるようにすることで，食べる意欲を育てる。

サイン12 乳首をまさぐる反射がなくなったら、離乳食スタートのサイン

赤ちゃんの口の中を見ると、上あごに乳首が収まるぐらいのサイズのくぼみがあります。これを「吸綴窩《きゅうてつか》」といいます。おっぱいを飲むときは、この吸綴窩に、舌でからめたお母さんの乳首やほ乳瓶の乳首を押しつけて飲むのです。吸綴窩は3歳ぐらいまでに徐々に平らになり、消えてしまいます。

また赤ちゃんののどには、気管と食道の間に高い壁があります。だからおっぱいが気管に入ってしまうことなく、ごくごく飲めるのです。

このように、赤ちゃんの口はおっぱいをうまく飲める構造になっています。逆にいえば、「**おっぱい以外のものを食べる口」になっていないために、徐々に食事の形態を変えていくのが離乳期**なのです。ですから離乳期には、「○か月だから、これが食べられるはず」と考えるのではなく、一人ひとりの口の中の発達に合わせた食事提供が大事なのです。

離乳食を始めるタイミングの見きわめにはいくつかのポイントがありますが、**大人が赤ちゃんの唇にふれようとしたときに、乳首だと思ってまさぐるような反射が起きなくなったら、離乳食に入る準備が整った**と思ってよいでしょう。

■離乳期の口の発達■

	口唇の動き	舌の動き	食事の形態
ゴックン期（初期） 4～6か月ごろ	下唇を巻き込みながら飲み込み，口角《こうかく》（唇のはし）は動かない。 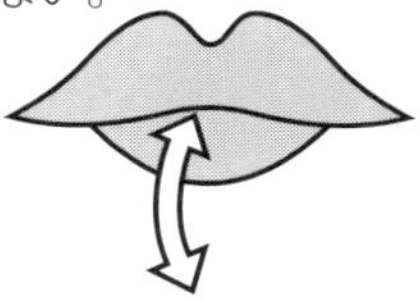	前後に動く。 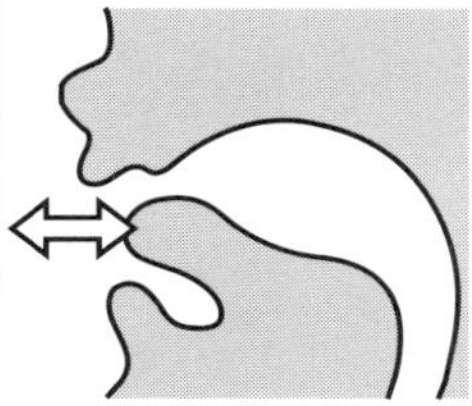	舌ざわりのなめらかなペースト状。ヨーグルトぐらいの固さのもの。
モグモグ期（中期） 7～8か月ごろ	左右対称に唇が動く。 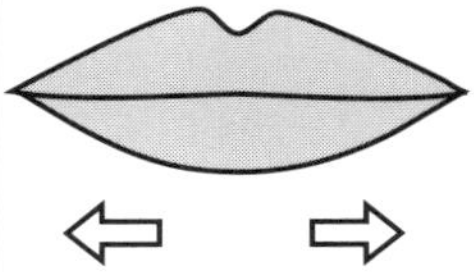	上下に動く。 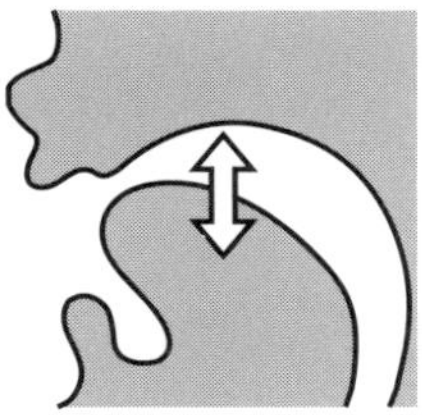	舌で押しつぶせる，プリンや豆腐くらいの固さのもの。
カミカミ期（後期） 9～11か月ごろ	噛んでいる方の口角が上がり，左右非対称に唇が動く。 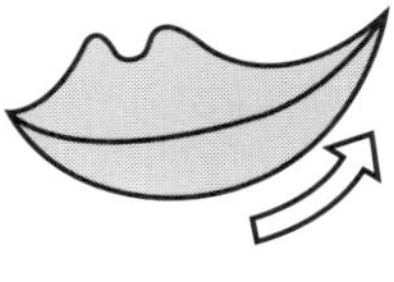	左右に動く。 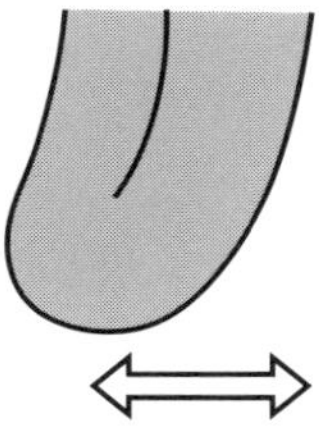	歯茎でつぶせるぐらいの固さで，一口大のもの。

見守りポイント

離乳段階は，月齢ではなく口の中の発達に合わせる。

サイン13 「マ」と言えたら、食べものを上唇で取り込めるサイン

食べものを食べるのも口、言葉を話すのも口です。ですから**食べ方と言葉の発達には密接な関係があります。**

ためしに口を開けたままで話してみてください。うまくいきませんね。赤ちゃんも同じことです。でも、口を閉じられるようになると唇を使って「マ」「ン」「マンマ」「バ」「ブ」などが発音できるようになります。**赤ちゃんがこんな発語を始めたら、上唇で食べものを取り込むことができるようになった証拠です。**

「タ」「ダ」が言えるようになったら、舌を上下に動かしたり、上あごに舌を押しつけることができるようになっているので、プリンなどを舌で押しつぶして食べることができます。「カ」「ガ」が言えるようになったら、のどを締めることもできるので、食べものをまとめて飲み込むことができます。

食べる技術を育てるためには、食事以外のときの気づきとも連動させて子どもをよく見ていることが大事です。また、子どもが発語してきたときには、「マンマおいしいね」といったように呼応して言葉を添えると、言葉と意味のつながりを覚える基礎になっていきます。

■発語と口の機能の関係■

発語	口の機能	食べ方
「マ」「ン」「バ」「ブ」	口を閉じられるようになる。	上唇で食べものを取り込むことができる。
「タ」「ダ」	舌を上下に動かす。 上あごに舌を押しつける。	舌で上あごに食べものを押しつけてつぶすことができる。
「カ」「ガ」	のどを締めることができる。	食べものをまとめて飲み込むことができる。

見守りポイント

言葉の発達と食べる技術には
深い関係があることを知り，子どもを見守る。

14 食べものが上唇にふれたとき、唇が閉じたら「食べたい」のサイン

（サイン14）

離乳食を食べ始めたばかりの子も、ただ「食べさせてもらっている」だけではありません。**0歳児でも、食べたいか食べたくないかを自分で決めて表現しています。**上唇を見れば、それがわかります。

赤ちゃんの口の構造は、離乳食開始までにどんどん変わっていきます。母乳やミルクを飲み始めたころは口の中の容積が小さいのですが、発達するに従ってだんだん食べものをとどめておくスペースができます。同時に舌が動くスペースができてくると、次第に唇で食べものをとらえて取り込む（補食する）ことができるようになります。一口量をスプーンにのせ、子どもの下唇にスプーンの先をのせてみましょう。**食べものが上唇にふれたときに唇が閉じたら、それが「食べたい」のサイン**。食べたくないときは「ムー」と舌を出して拒否します。

このとき、子どもが自分の意思で唇を閉じるのを待つことが大事です。唇を閉じて食べものを取り込んでくれたら、スプーンを水平にゆっくりと引きましょう。食べものは舌の手前に落ち、舌が前後に動いて食べものを口の奥に送り込み、飲み込むことができます。

上唇の動きは、見えない口の中の動きを外から観察するための大事なサインです。

■離乳食の介助方法■

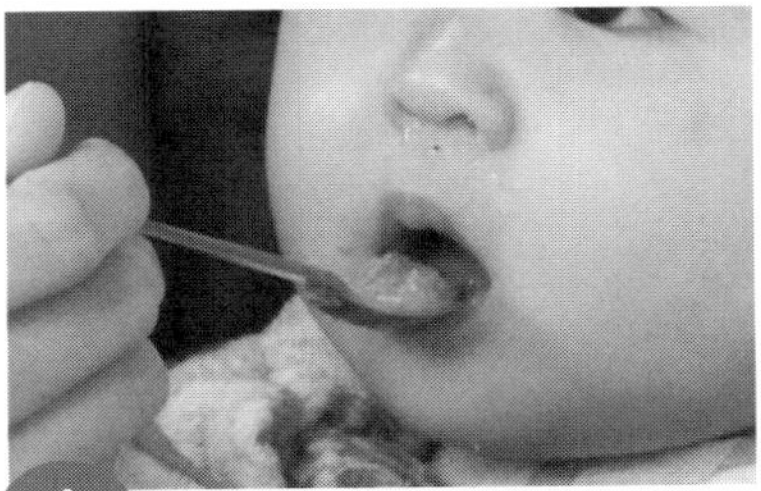

1 スプーンの先を下唇に当てて，自分から取り込むのを待つ。

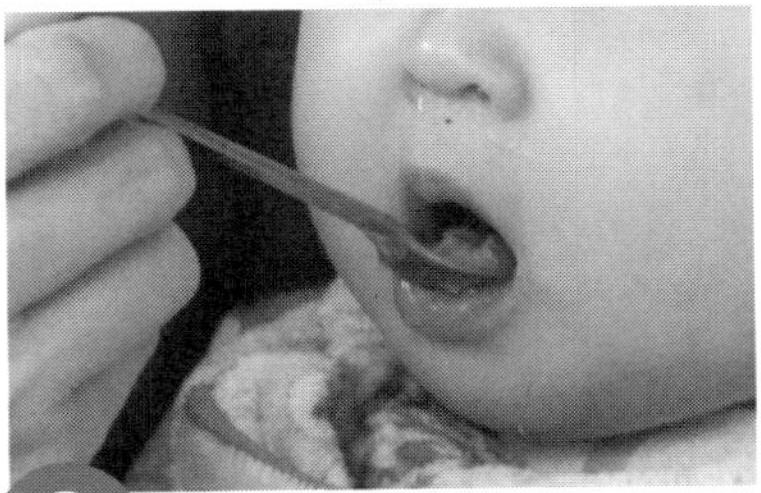

2 スプーンのボウル部分を，舌の上にのせる（唇を閉じたときにボウルと柄のつなぎ目が当たるようにすると取り込みやすい）。

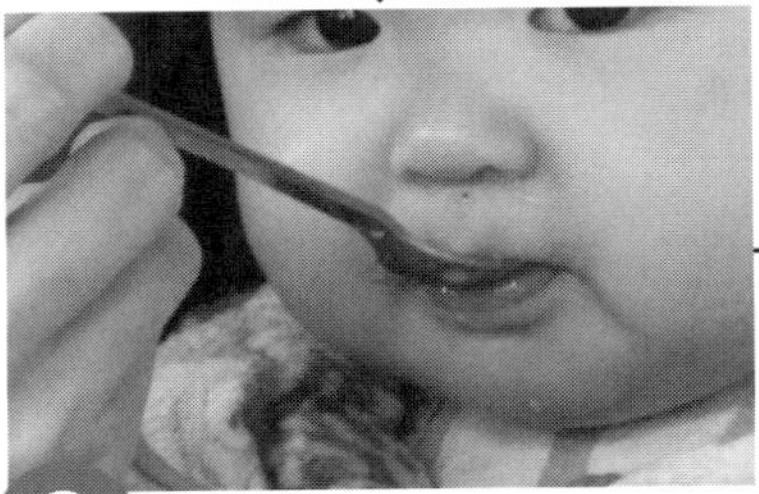

3 唇を閉じるのと同時にスプーンを水平にゆっくり引き抜く。

4 咀嚼《そしゃく》状態を確認して，口の中に食べものがなくなったら，一定のテンポでスプーンを運ぶ。

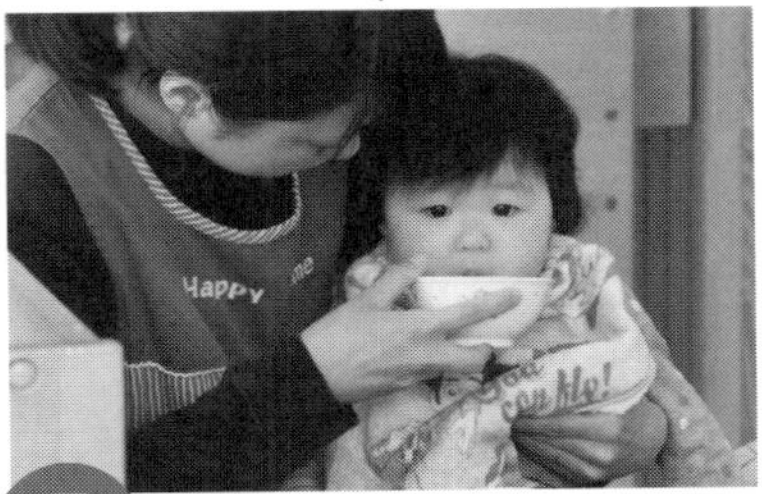

5 汁ものは，下唇にコップや汁椀を添わせることで，自分で上唇を使って取り込めるように介助する。

見守りポイント

子どもが自分の意思で唇を閉じ，食べものを取り込むまで待つ。

サイン15 親指と人差し指の「腹」をつけられたら、手つまみ食べへのサイン

手というものは、最初は5本の指がいっしょに動いてしまいますが、徐々に親指だけが分かれて動くようになります。これによってものを「つかむ」ことができ、手づかみ食べが始まります。次に**親指と人差し指の「腹」をくっつけることができ、「つかむ」から「つまむ」の段階へステップアップします。**このとき、手つまみ食べがしやすいように食べものを手渡ししてもよいでしょう。徐々に2本指から3本指でつまめるようになっていきます。

手つまみ食べは、食べる機能を獲得する上で大切なステップです。それは自分の一口量を知るためにも欠かせません。前歯で一口かじりとる経験をできるだけたくさんできるようにしてみましょう。一口をかじりとり、噛んで飲み込む。「モグモグ　ゴックン」のリズムが大事です。

このときフォークを使うと、口先を使わなくてもポンポンと食べものが口に入ってしまうので、一口量を知るためには適していません。**フォークを使うのが早すぎると詰め込み食べの一因にもなります。**口先を使うことが大事なのです。

たくさん手つまみ食べをすることで食べものの固さや形を覚える赤ちゃん。指もいっしょに口に入れてしまったり、食べものを握りつぶしてしまうことも、すべて大切な経験です。

■一口量を知るためのメニュー■

かじりとる経験を促す

前歯を使ってかじりとりやすいメニューを取り入れる。

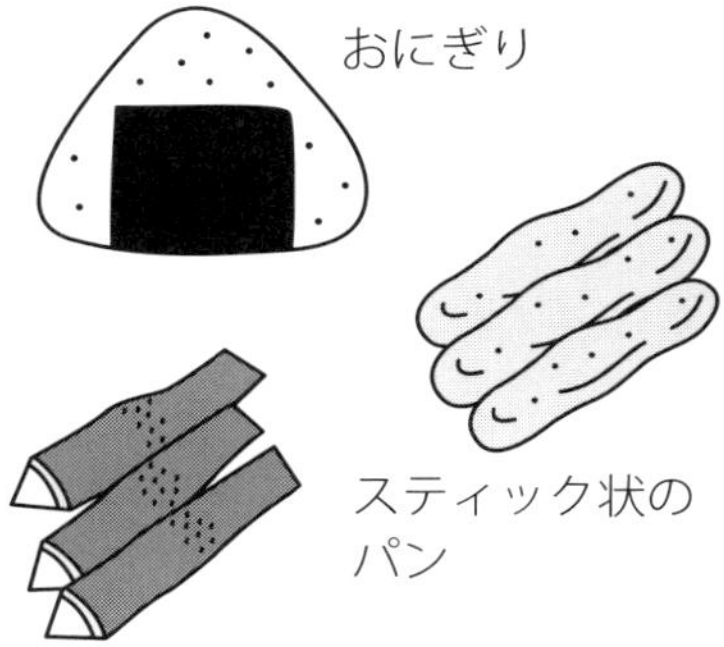

噛む経験を促す

介助者が給食観察日誌をつけ，それを見ながら調理担当者と咀嚼の状況を確認して，食材の切り方や固さを決めている。

一口量の野菜の煮物

一口量を知るためには，手つまみ食べをたくさん経験すること。

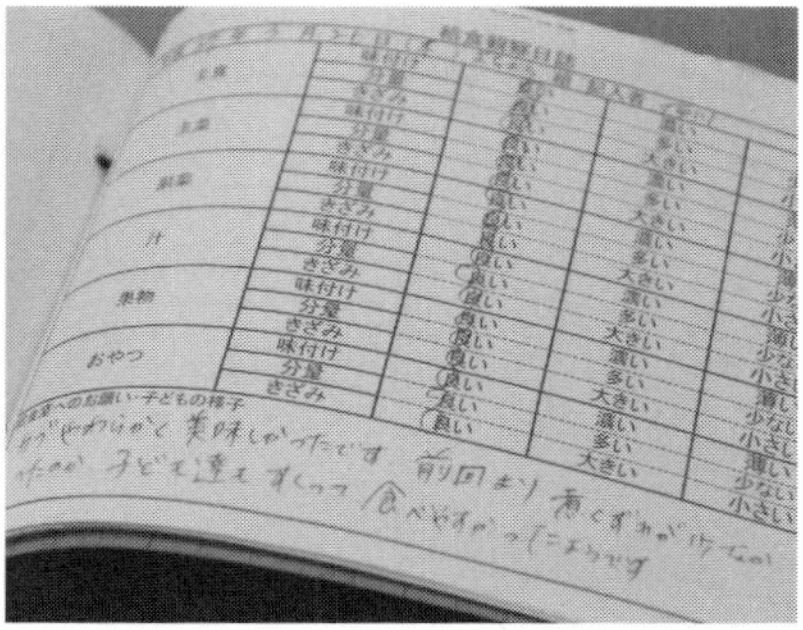

給食観察日誌は，その場で簡単にチェックできる○つけの仕様に。

見守りポイント

手つまみで，前歯を使って一口かじりとる経験をたくさんできるようなメニューを考える。

サイン16 食事のときは、子どものサインがよく見える場所に座る

私の園では、子どもの発達の度合いや**子どもからのサインをちゃんと受け止められるように、食卓での保育者と子どもの位置関係を具体的に決めています。**

左の図のように、**保育者が1人で子どもが2人の場合、どちらの子の介助がより必要かによって座る位置を決めます。**より介助が必要な子には、保育者が利き手で介助しやすい場所に座るようにしています。

次第に食事の技術が発達してきたら、保育者1人に対する子どもの人数を増やしていきます。このときも、介助のしやすさによって座る位置を決めます。

また、2歳の半ばぐらいまでは、1・2歳の子どもが3歳以上の子といっしょに食べることはしていません。**この時期の子どもは、自分の目の前で起きることに集中する段階なので、大人との1対1の対面でていねいにケアするほうが向いている**と考えているからです。

あそびの場面でもそうですが、「自分ですくって食べられた」というような小さな達成に対し、「見ていたよ」というメッセージを送れる位置に保育者がいるということが、子どもにとって楽しい、安心した食事風景につながるのです。

■食事中の座り方■

［介助が必要な順：①→②→③］

保育者１＋子ども２

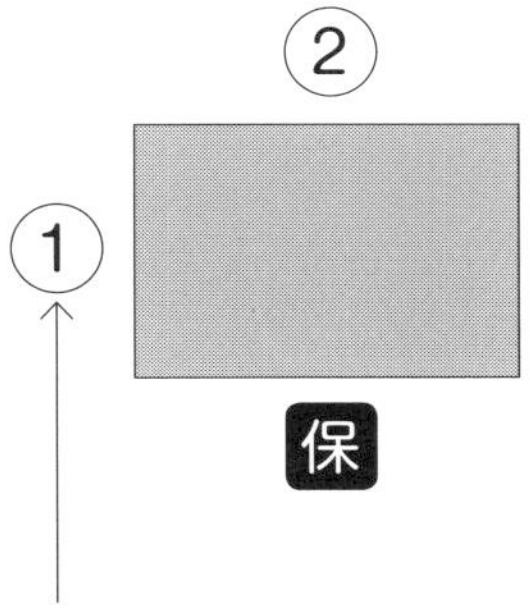

最も介助が必要な子は，保育者が利き手で介助しやすい場所に座る（この場合は右手が利き手）。

保育者１＋子ども３

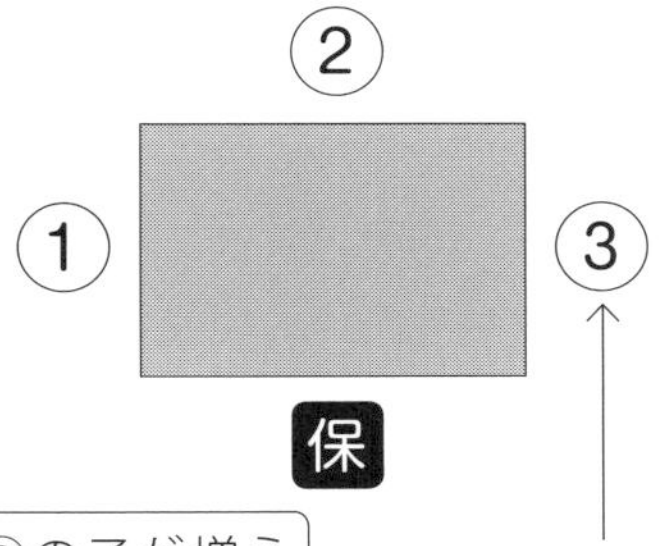

③の子が増えたら，1：3から1：4に移行する。

あまり介助しなくても完食でき，スプーンを安定して持てる子。

保育者１＋子ども４

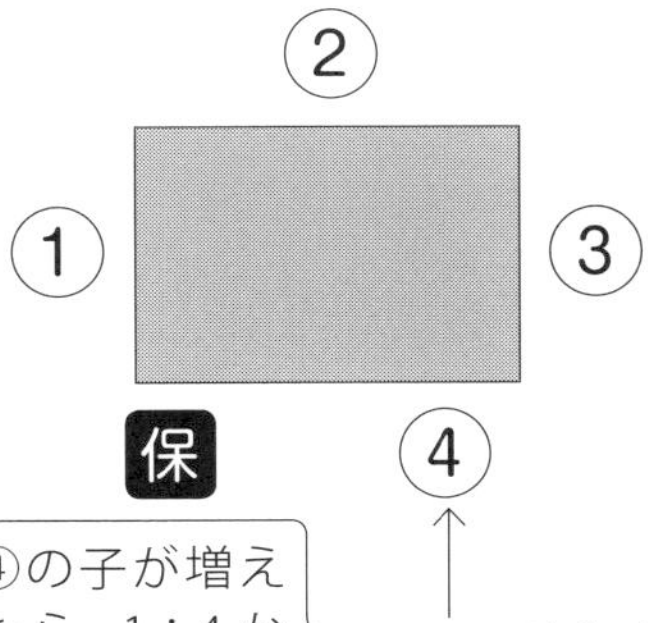

④の子が増えたら，1：4から1：8に移行する。

ほとんど介助しなくても声かけで完食できる子。

保育者１＋子ども８

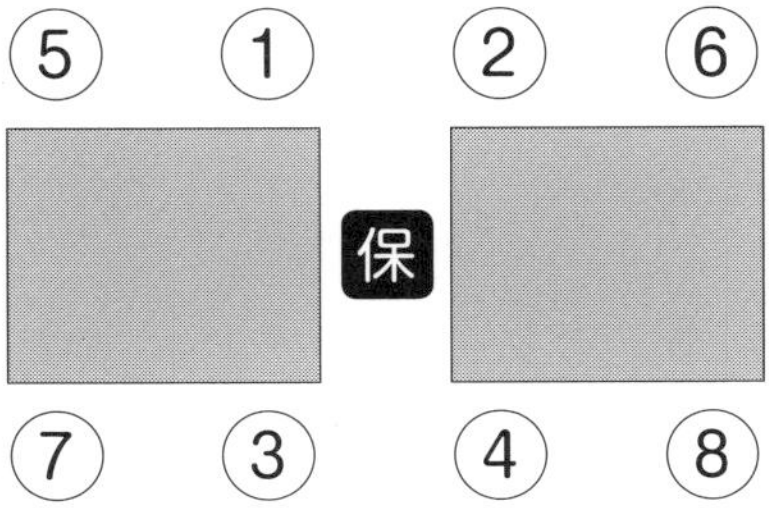

見守りポイント

保育者は，いちばん介助が必要な子を利き手で介助しやすい位置に座らせる。

サイン17 子どもが発するサインの観察ポイントを決めておく

ただ漠然と「楽しそうに全部食べました」「手をつけませんでした」と食事場面を見るのと、どこを観察するかポイントをはっきりさせておくのとでは大きな違いがあります。

例えば**離乳食を進めているときなどは、「唇を見る」**といったテーマをもってみてはいかがでしょうか。舌を上あごにあててつぶす段階から、歯ぐきで食べものをすりつぶす時期に入ると、口の動きが左右対称ではなくなります。どちらか一方の口角《こうかく》（唇のはし）が縮み、それに連動して唇もねじれるのです（35ページ参照）。

また、下あごが上下だけでなく左右にも動くようになります。この時期が咀嚼《そしゃく》のスタートなので、子どもがカミカミしていることに気づいたら声かけをして、「小さな報酬」で認めて、さらにカミカミを促していきます。見えない口の中を、見える外側の動きで判断して離乳食を進めていくわけです。

「口の動きが左右対称かどうか」「下あごが左右にも動くようになったか」などの**子どもが発するサインの観察ポイントを決めておくと、保育者どうしや、栄養士との連携もスムーズに進むでしょう。**これは一例にすぎませんが、園で話し合って共有しておくことが大切です。

テーマを決めて見る

唇の動き方
（35 ページ参照）

腕やひじの動き方
（50 ～ 51 ページ参照）

食具の持ち方
（51 ページ参照）

食器の扱い方

足の位置
足を床につけられるように，バスマットに椅子の足を入れる穴をあけて作った足置き

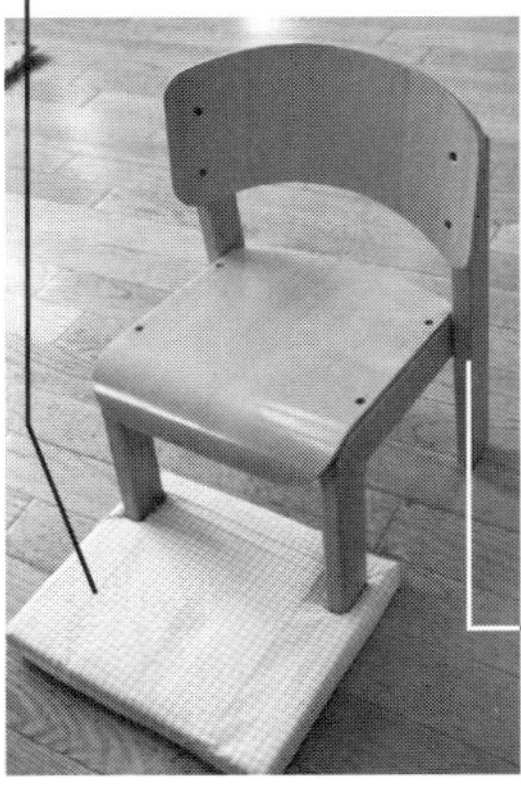

背中とおしりの位置関係
（57 ページ参照）

見守りポイント

発達段階に応じて「どこを見るか」のポイントを話し合って決めておく。

サイン18 噛まない、丸飲み、飲み込まないも、それぞれが意味のあるサイン

咀嚼嚥下《そしゃくえんげ》で保育者を困らせている「噛まない」「丸飲み」「飲み込まない」という3つの行為には、それぞれ理由があります。

噛まずに飲み込むのは、「モグモグ期（中期）」に、唇で食べものを取り込むことと舌で食べものをつぶすことを学習していないためです。でも、**噛まないからといって、歯ごたえのあるものを食べさせて咀嚼を促すのは逆効果です。**固くて食べづらく、噛むことがいやになって飲み込んでしまいます。指でつぶせるぐらいの固さの根菜の煮物などが適しています。

丸飲みの原因は、食べものが固すぎる場合と、細かく刻みすぎて噛む必要がない場合の2つが考えられます。また、赤ちゃんは、ごはんのように口の中でバラバラになってしまうものをまとめることができなくて、ゴックンと丸飲みしてしまうのです。軟飯《なんはん》で噛むことに慣れていくと、このようにならずにすみます。

飲み込まないのは、その食べものが嫌いだというメッセージの場合と、咀嚼不足で飲み込めない場合が考えられます。すべてを飲み込まないわけではないと思うので、何を飲み込めないかを見て対策を考えます。離乳食の段階なら、一つ前の段階に戻るのもよいでしょう。

■咀嚼・嚥下機能の確認チャート■

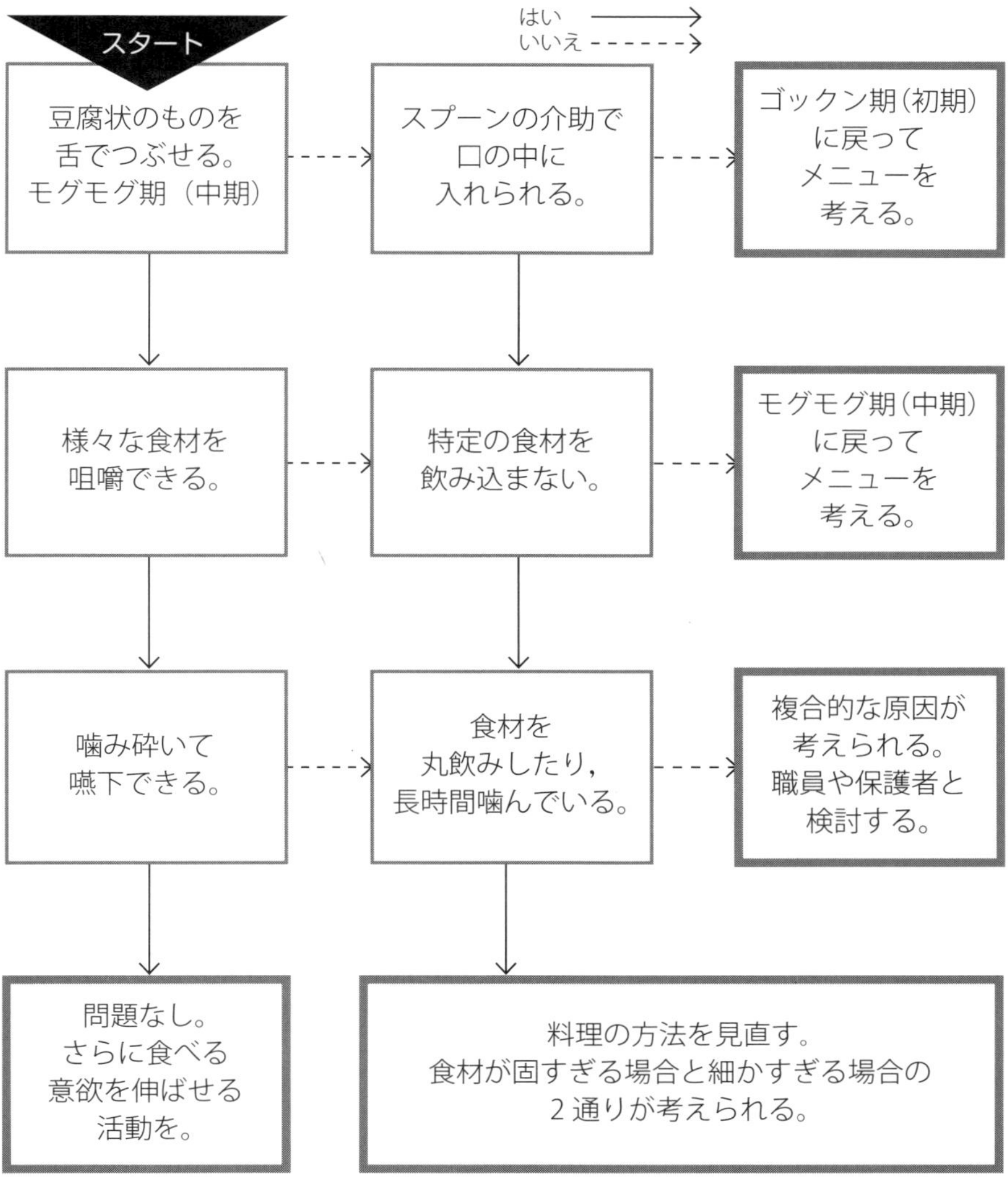
はい
いいえ
スタート
豆腐状のものを舌でつぶせる。モグモグ期（中期）
スプーンの介助で口の中に入れられる。
ゴックン期（初期）に戻ってメニューを考える。
様々な食材を咀嚼できる。
特定の食材を飲み込まない。
モグモグ期（中期）に戻ってメニューを考える。
噛み砕いて嚥下できる。
食材を丸飲みしたり，長時間噛んでいる。
複合的な原因が考えられる。職員や保護者と検討する。
問題なし。さらに食べる意欲を伸ばせる活動を。
料理の方法を見直す。食材が固すぎる場合と細かすぎる場合の2通りが考えられる。

見守りポイント

噛むことや飲み込むことが嫌いにならないように，発達段階を踏まえて対応する。

サイン 19 スプーンを始めるサインは、おもちゃの握り方でわかる

子どもの発達は、まず体全体を動かせるようになり、腕、ひじ、手のひら、指の順に動かせるようになっていきます。全体から部分へ、中心から末梢《まっしょう》へと進んでいくのです。

ですからスプーンも、「肩が上がる」↓「ひじが動く」↓「手首のひねりや返しができる」↓「指先が開く」という発達段階を経て、使えるようになります。あそびのときなどに、**手のひらを使ってしっかりおもちゃを持てているか、そのとき指が伸びているか確認してください。**スプーンをおもちゃにしてしまう段階ではまだ持たせません。

いちばん大事なのは、食べたいという意欲を失わせないこと。保育者がスプーンの持ち方ばかりに気を取られて、注意する機会が増えないようにすることです。だからこそ**発達段階に合ったタイミングでスプーンを持たせることが大切なのです。**

また、スプーンの形状にも心を配りたいですね。柄を持ちやすくするための工夫として、柄のサイズに合ったゴムのホース（ホームセンターなどで販売しているもの）を探してはめてみるとピッタリで、重宝しました。なれてきたらホースをはずして、次のステップへ進みます。

■手の発達をあそびで確かめる■

手のひらを使って，おもちゃをしっかり握ることができているか，指も伸びているかが，一つの目安になる。

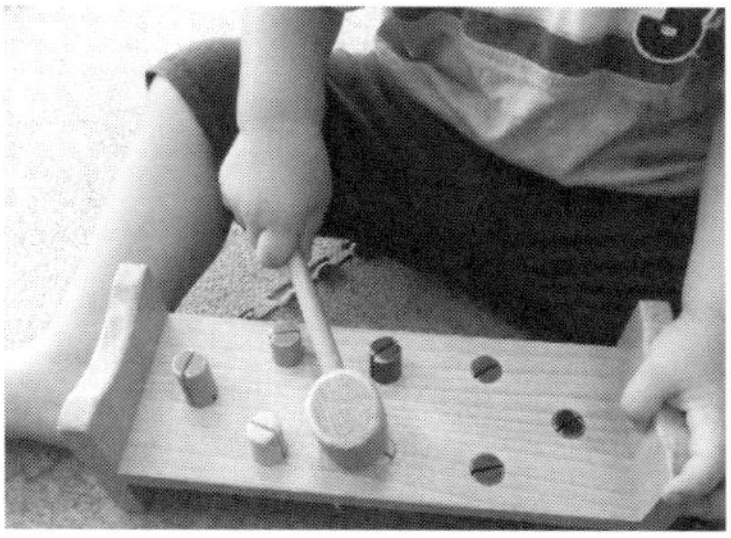

■スプーンの選び方■

写真上／ボウルの部分が子どもの口幅より小さく，一度に入る量が多くなりすぎない。切ったホースを持ち手にはめている。

写真下／メーカーと共同開発したもの。正しく握りやすい形状。

（ベビースプーン　株式会社おぎそ）

見守りポイント

スプーンの始めどきは，
おもちゃの握り方，指の伸び方で判断する。

サイン 20 スプーンの持ち方の変化は、手指の発達のサイン

スプーンを持つプロセスは、3段階に分けて考えています。まず、手のひら全体を使って握る「パームグリップ」、親指で支えて持つ「サムグリップ」、そして最後に親指・人差し指・中指の3点で支えて持つ「ペングリップ」。**これはすべて造語ですが、この言葉を使うようになってから、子どもの発達のサインを見きわめる上で職員どうしの意思疎通がスムーズになり、スプーンの持ち方の指導がとてもやりやすくなりました。**

このような共通認識をもって、安定したペングリップでスプーンが持てるように介助していきます。ペングリップが安定することは、はしの正しい持ち方にもつながり、ゆくゆくは鉛筆の持ち方、そして学習のときの姿勢や筆圧、視力の問題にまで影響を及ぼすのです。こうなるともう食事の枠を超え、生涯にわたってとても重要な技術です。

このとき手先や指だけでなく、肩やひじの動きをよく見ましょう。腕を上下、左右に動かせるようになり、ひじを十分に上げることができるようになれば、スプーンを顔の真正面から口に入れられます。ひじに軽く手を添えてあげるだけで、うまく口に入れられることもあります。

■スプーンの持ち方の変化■

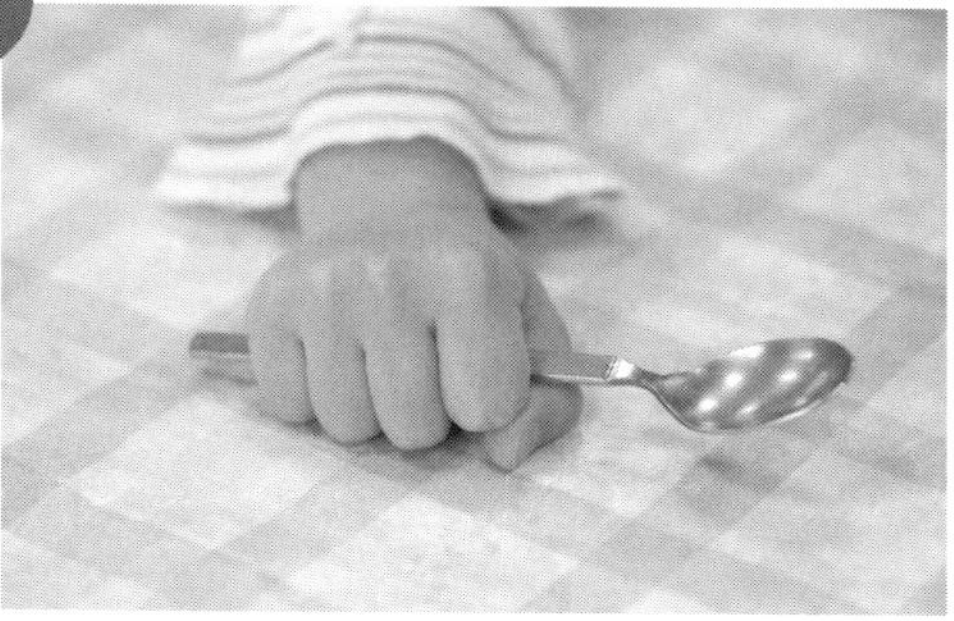

1 パームグリップ

手のひら全体でスプーンの柄を握る（「パーム」は手のひらのこと）。

ひじを上げて，スプーンを顔の正面から口に運べるとよい。

2 サムグリップ

指の機能の分化によって，徐々に親指，人差し指それぞれに力が入るようになり，親指でスプーンの柄を支えることができるようになる（「サム」は親指のこと）。

3 ペングリップ

各指の先で支えられるようになると，ペンを持つように親指・人差し指・中指で支える持ち方になる。

見守りポイント

手の発達段階に合わせて，適切な持ち方でスプーンを持っているかを見きわめる。

サイン21 ペングリップでスプーンを使えたら、はしを始めるサイン

はしをじょうずに持たせたいと思ったら、はしだけにこだわらないことが大切です。子どもの手がはしを使える発達段階に達していなければ、どんなに一生懸命教えてもはしを持てるようにはなりません。逆に、**ペングリップ（51ページ参照）でちゃんとスプーンを持つことができれば、はしを持つ準備が整ったというサインになります。**

早くスタートしすぎると、無理な持ち方が身についてしまったり、はしを持つことがきらいになってしまうこともあります。

はしの練習を始める時期は一人ひとりで大きく違います。個人差はかなり大きく、早い子ではは2歳を過ぎたころ、遅い子では4歳を過ぎることもあります。人員配置の面などからむずかしい点もあると思いますが、保護者と連携して、できるだけ一人ひとりの発達段階に合わせたはしの練習をしてほしいですね。何より、楽しくはし使いを覚えることがいちばん大事です。

はしを強制することで、姿勢が悪くなったり、食べたいものが食べられないという状況を生んでしまっては、子どもにとって食事はいやなものになってしまいます。

■はしを始める目安■

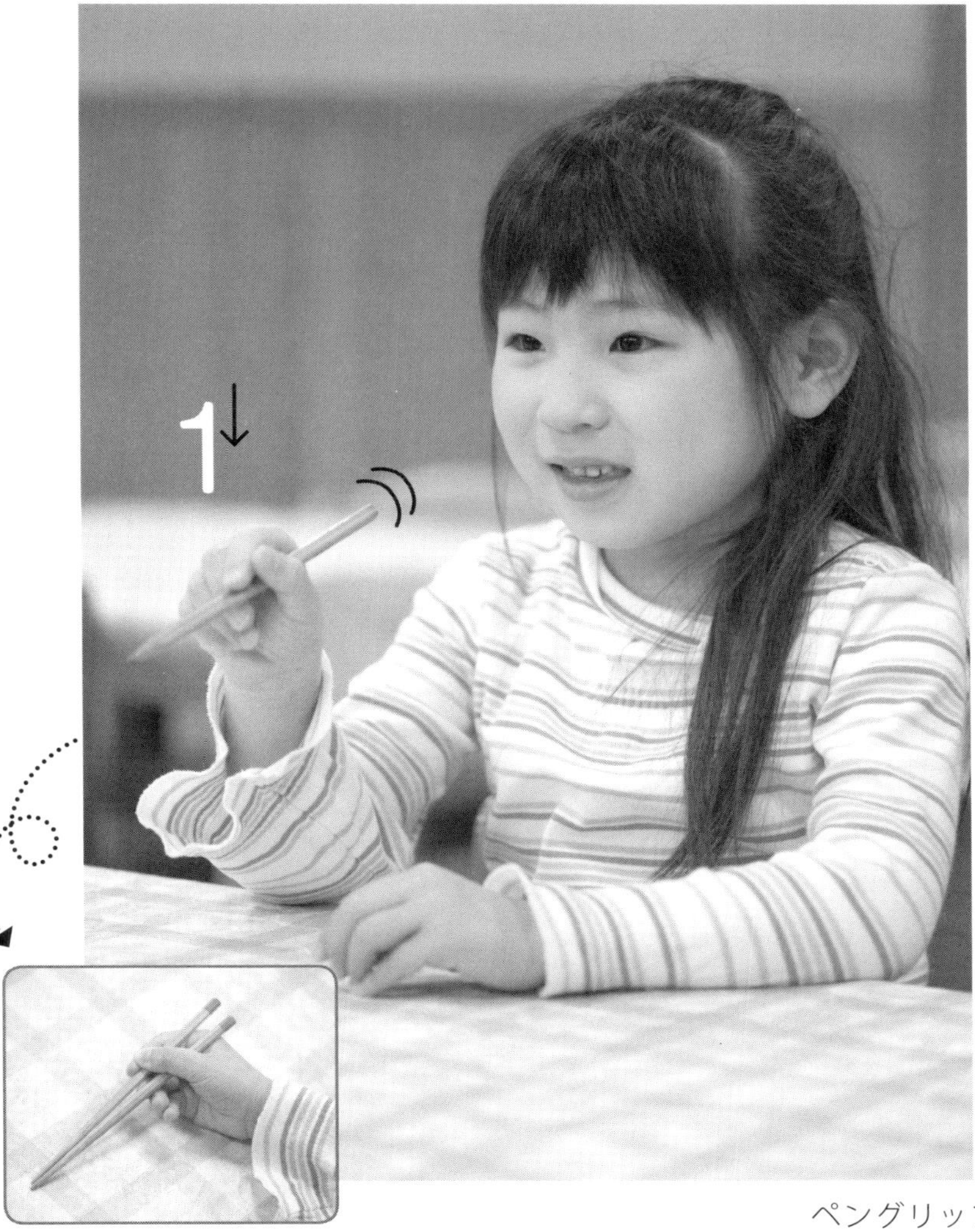

ペングリップでスプーンや棒を持って，空中に数字の「1」が書ければ，はしを持つための準備完了のサイン。

見守りポイント

ペングリップで「1」が書けるようになったら，はしの練習を始める。

サイン 22 あそびの中での手の動きは、食べる技術の発達段階を示すサイン

スプーンでも何でも、食事の時間だけでじょうずになるわけではなく、日々の生活の中でも習得していきます。とくに、**あそびの中で使う手の動きは、子どもの食べる技術と密接につながっています**。ですから、手の発達を促すおもちゃを吟味して使うことは、食べる技術の習得につながります。

最初は握ったり、引っ張ったりするおもちゃ。だんだん指が分化して動くようになってきたら、つまむ、つまんで出し入れする、すくう、ひねる、重ねるなどの動きができるようなおもちゃを用意します。

積み木一つでも、大人には単純に見えますが、「つまんで」「のせて」「そっと手を離す」という一連の動きは、大人が思うよりずっとむずかしいものです。でもこれができれば、食事のあとかたづけもじょうずにできるようになります。

あそびの中で育っていく機能を見きわめ、意識的に育てていくことも、保育の柱をつくるうえでの一つの例だと思います。**そこで、食事をするために必要な手の機能を促す手作りおもちゃを、次のページでいくつかご紹介してみました。**

■手指の発達を促す手作りおもちゃ■

身近な素材を使って，かんたんに手作りできるおもちゃです。

ペットボトルマラカス

ペットボトルにおはじきやモールなどを入れて，振ってあそぶ。

機能の発達：哺乳びんに手を添える，しっかり持つ

おもちゃ落とし１

プラスチック容器のふたに穴をあけて，ビニールチューブを切ったものをつまんで入れる。

機能の発達：指でつまむ

おもちゃ落とし２

プラスチック容器のふたに，細い切込みを同じ方向に２か所入れ，曲がったもの（棚の取りつけに使う金具にカラーテープを巻いたもの）を入れる。

機能の発達：手首をひねる

おもちゃ落とし３

プラスチック容器のふたに，細い切込みを垂直方向に２か所入れ，プラスチックのネームタグを入れる。

機能の発達：手首をひねる

ふたあけ

クリームなどの空き容器に，フェルトを巻いてすべりにくくしたものを，両手であける。

機能の発達：手首をひねる，指先に力を入れる

ビーズ落とし

飲みもの用の容器の口に，長くつないだビーズを入れる。

機能の発達：つまんで，目的のところへ持っていく

見守りポイント

食事をするために必要な手の機能の発達を促すおもちゃを用意する。

サイン 23 食べるときに落ち着きがないのは、座り方が悪いサイン

よく、子どもが食事中に落ち着きがなくて困るという話を聞きます。でもこれは、子どもに集中力がないとか、食べる意欲がないからではないかもしれません。

原因は座り方にもあるのではないでしょうか。次のページに、背もたれ・ひじかけのある椅子とない椅子に分けて子どもの座り方を示してみました。どちらも、左の子は尾てい骨で座っています。このようにすると座りづらいので、猫背になったり、しょっちゅう体が動いてしまいます。子どもにとって**姿勢を保持するというのは実は大変なこと**なのです。

右の写真の子のように、尾てい骨より少し前の坐骨を座面につけるような感じで座るとしぜんと背筋が伸びて安定するので、落ち着いて食べることができるようになります。

この違いは、背中だけを見てもわかりません。**背中からお尻のラインがまっすぐになっているかどうかを見るようにします。**

また、食事の場面で声かけをしてもなかなか修正できない場合は、四つ這いになって活動する運動をおこなってみてはどうでしょう。骨盤が立つと猫背が修正され、きれいな姿勢を保持できるようになっていきます。

■姿勢のチェックポイント■

背もたれ・ひじかけのある椅子の場合

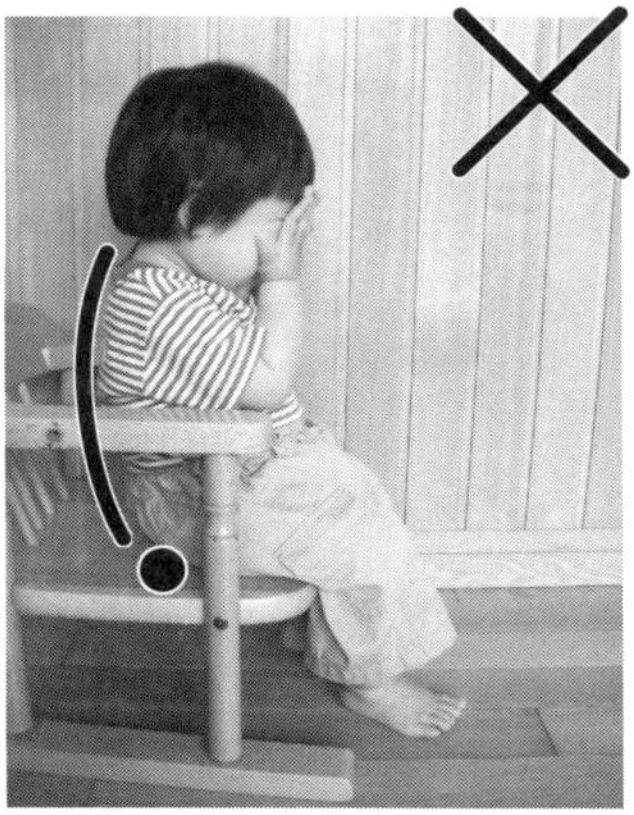

尾てい骨で座っている。
（骨盤が後ろに傾いている）

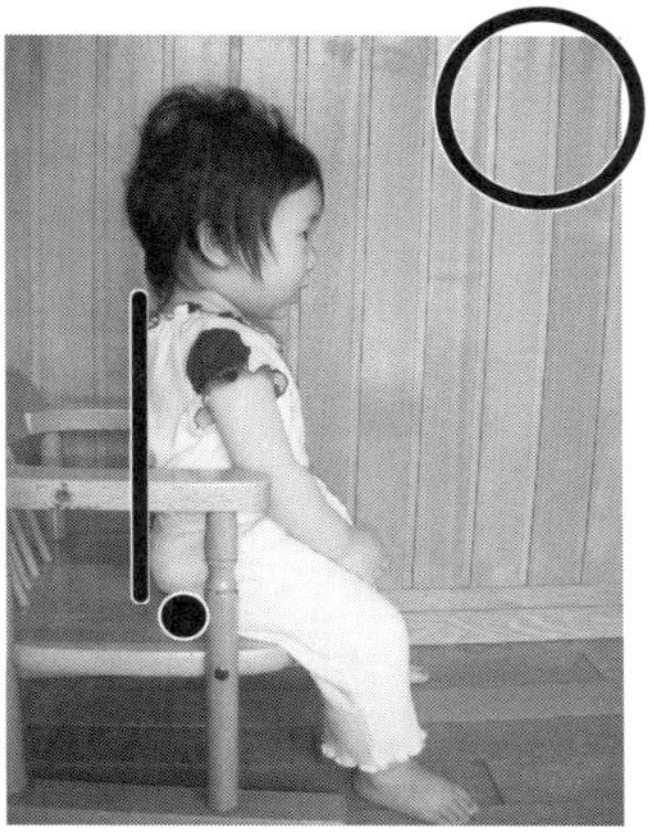

尾てい骨より前の部分で座っている。

背もたれ・ひじかけのない椅子の場合

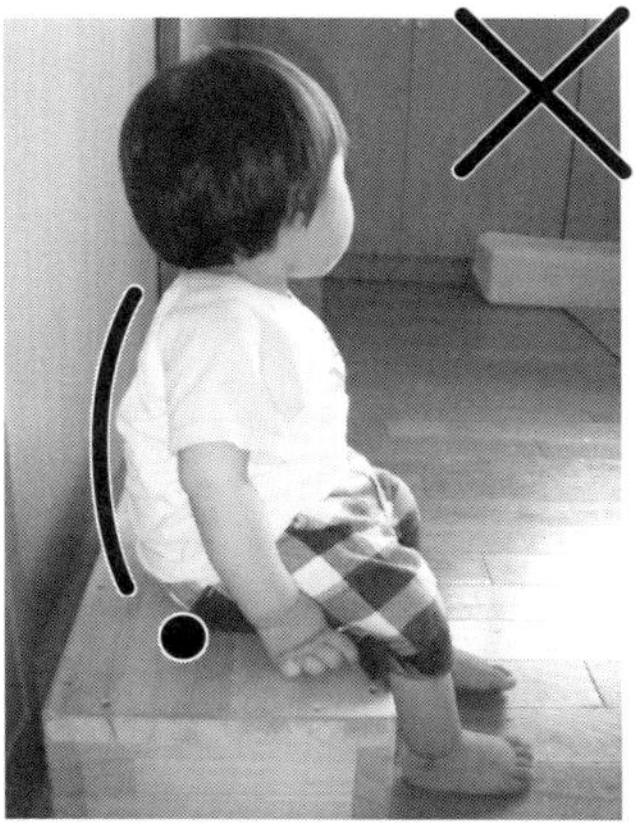

尾てい骨で座っている。
（骨盤が後ろに傾いている）

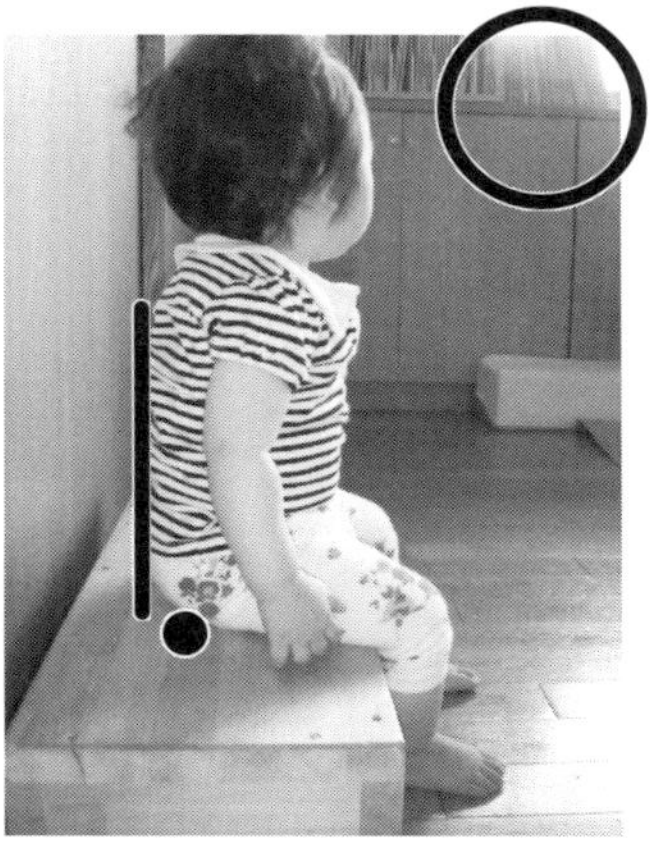

尾てい骨より前の部分で座っている。

見守りポイント

食べるときの姿勢は，背中からお尻のラインを見て判断する。

サイン24 「見て見て」のサインに応えて、楽しい食事に

食事の自立度が進んできて、介助の途中で保育者が席をはずし、戻ってきたら子どもが食べ終わっていたとします。そのときに「すごいねー、全部食べられたね」と結果だけをほめるよりも、ずっとそばで見ていて、**食べ終わったその瞬間に子どもが「ほら！」と表情で知らせたら、すかさず〝見ていたよ〟という「小さな報酬」で認める。**そのほうが、もっと深い信頼関係が築けると思います。

子どもって、ほんとうにたくさんのサインを出しています。**サインが出ているときこそ、子どもの心が動いているときです。**そんなときに、保育者からのアクションが最も効果を発揮します。特に言葉の未発達な乳児は、わかりやすいサインを多く出しています。「小さな報酬」（14ページ参照）をプレゼントできるタイミングも多いので、できるだけ「その場で」サインを受け止められるようにしたいものです。

そこで、介助の途中で保育者が席をはずさなくてもよいように、食事中に必要なものをコンパクトにまとめられる小さなワゴンを作って、保育者の脇に置くようにしてみました。環境づくりの工夫も、子どもの自信や安心感につながっていきます。

郵便はがき

料金受取人払郵便

名古屋中局
承　　認

954

差出有効期間
2025年9月
30日まで

460-8790

413

名古屋市中区
丸の内三丁目6番27号
（EBSビル8階）

黎明書房 行

購入申込書

●ご注文の書籍はお近くの書店よりお届けいたします。ご希望書店名をご記入の上ご投函ください。（直接小社へご注文の場合は代金引換にてお届けします。1800円〔税10%込〕未満のご注文の場合は送料800円，1800円以上10000円未満の場合は送料300円がかかります。10000円以上は送料無料。）

（書名）	（定価）　円	（部数）　部
（書名）	（定価）　円	（部数）　部

ご氏名　　　TEL.

ご住所 〒

ご指定書店名（必ずご記入ください。）	取次・番線印	この欄は書店または小社で記入します。
書店住所		

愛読者カード

—

今後の出版企画の参考にいたしたく存じます。ご記入のうえご投函くださいますようお願いいたします。新刊案内などをお送りいたします。

書名	

1. 本書についてのご感想および出版をご希望される著者とテーマ

※上記のご意見を小社の宣伝物に掲載してもよろしいですか？

□ はい　□ 匿名ならよい　□ いいえ

2. 黎明書房の新刊情報などをメールでいち早くお届けします。ご希望の方は，小社営業部（E-mail:eigyo@reimei-shobo.com）までメールでお申し込みください。

※ご記入いただいた個人情報は，ご注文いただいた書籍の配送，お支払い確認等の連絡および当社の刊行物のご案内をお送りするために利用し，その目的以外での利用はいたしません。

ふりがな
ご氏名　　　　年齢　　歳
ご職業　　　　（男・女）

（〒　　—　　）
ご住所
電　話

ご購入の書店名		ご購読の新聞・雑誌	新聞（　　） 雑誌（　　）

本書ご購入の動機（番号を○で囲んでください。）

1. 広告を見て（新聞・雑誌名　　　　）2. 書評を読んで
3. 人からすすめられて　4. 書店で内容を見て　5. 小社からの案内
6. その他（　　　　）

ご協力ありがとうございました。

■子どものサインの一例■

「小さな報酬」の例

「全部食べたよ」と，口を開けて知らせる。

「助けて」のサインの例

葉もの野菜が口に残ってしまい，「食べられない」と伝えている。

「食べたい」のサイン例

「次はこれを食べる」と指差して伝えている。

子どもどうしのサインのやりとり

保育者が「スプーンの持ち方はこれでいいかな？」と問いかけたのに対し，左の子が指で「ＯＫ」と伝えている（２歳児）。

見守りポイント

「できたよ！」のサインは，できるだけその場で受け止める。

サイン25 食事中の沈黙は、食べることに夢中になっているサイン

子どもが食べているときに、「おいしいねー」などと習慣的に声かけしていませんか。

3歳ぐらいになれば会話しながら食事をすることができますが、**0・1・2歳児は、食べることそのものに夢中になっている時期です。**また、子どもは食べながら、「冷たいな」とか「思ったよりあったかい」「固いな」など、いろいろなことを感じています。黙っていたとしても、豊かな時間なのです。

楽しく食べる雰囲気をつくろうとすることが、かえって子どもの集中力を妨げていないか、注意してみてください。「声かけをする」というアクションが、時と場合によっては、無意味なパフォーマンスになってしまうことがあるのです。

子どもが沈黙しているからといって、決してつまらないわけではありません。食事に集中して黙っているのか、何か困ったことがあって助けを必要としているかは、**そのつど子どもが出すサインをしっかり見るとわかります。**自分の気持ちを伝えたいと思ったり、心が動いたときには必ず、指差しをしたり、視線を向けてくるなどのサインを発してきます。それを受け止めてからの声かけでも、十分間に合います。

■食事に集中する子どもたち■

これは
なんだろう？

この時期の子どもは，目の前のことに集中して，感覚をフルに働かせて，様々なことを学び取っている。沈黙は，豊かな時間。

やわらかいな

これが
食べたい

自分の気持ちを伝えたいときはサインを発するので，見逃さない。

見守りポイント

黙って食べている子どもの集中を大切にし，習慣的な声かけをしない。

サイン26 あとかたづけまで一人でできたら、食の自立を示すサイン

子どもの見通しが立つようにして、くり返しやさしく伝えていけば、0・1・2歳児でもちゃんとあとかたづけをすることができます。これは、人に言われてやるのではなく、自分の意思（マイルール）でやれているのです。その流れは、

①口ふきで口、左手、右手の順にふく
②エプロンをはずす
③エプロンを半分にたたみ、口ふきを中に入れてさらに半分にたたむ
④「ごちそうさま」をする
⑤席を離れる（そのときは椅子を後ろに引き、椅子の左側から出て椅子をもどす）

というものです。

この流れは、体にしみ込むまで毎日ていねいにくり返すようにすれば、どの子も必ずできるようになります。そのためには介助者が誰であっても、同じように対応しなければなりません。

同じように、あそびも棚からおもちゃを出し、棚にかたづける一連の動きが「あそび化」していくと、マイルールで活動できる子どもに育っているというサインになります。

■エプロンのたたみ方■

1 エプロンをはずし、テーブルに広げる。

2 半分にたたむ。

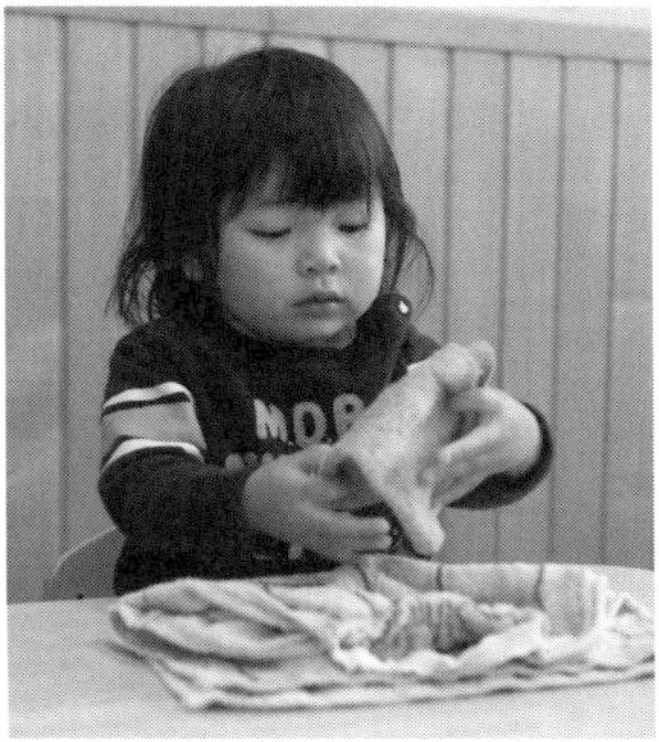

3 口ふきをのせる。

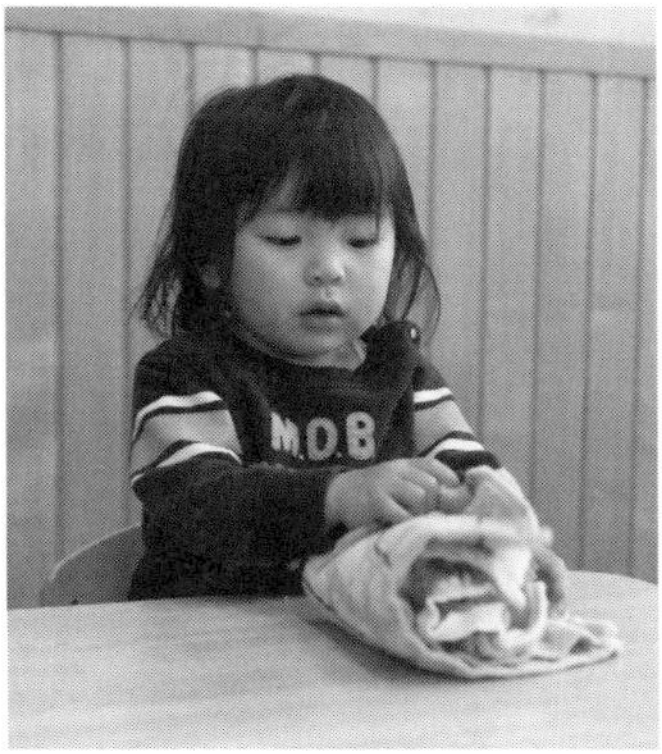

4 さらに半分にたたむ。

エプロンは，フェイスタオルを半分に折り，ゴムをつけて縫ったもの。

見守りポイント

あとかたづけも食事の一部ととらえて，一連の流れとして伝えていく。

サイン27 紙がちぎれるのはクッキングができるサイン

0・1・2歳児でもクッキングはできます。例えば、新聞紙をビリビリとちぎれる子は、レタスなどの葉もの野菜もちぎれます。「つまむ」と「のせる」ができればサンドイッチが作れます。子どもにとってあそびとクッキングの境界線ははっきりしたものではありません。ですから、**あそびの中でできるようになった動作をクッキングにあてはめていくと、子どもが主体的に取り組める食育活動になります。**クッキングでは、調理の全工程に子どもがかかわれるのが理想的ですが、子どもの発達に合わせたレシピを検討することが必要になります。0・1・2歳児では、なかなかむずかしいのではと思われるかもしれませんが、そこは工夫次第です。一例として左に紹介していますが、園独自のレシピを考えてみるのも楽しいでしょう。

子どもにとって未知の食材は不安を呼び起こすもの。でも、クッキング活動を通して食材を五感で感じることができれば、それを体に取り入れてもよい、つまり「食べられる」という気持ちがつくられます。

レシピを単純にした分、食材のおもしろさにふれたり、その変化をじっくり見る時間をたっぷりとりましょう。

■「動作」から考えるレシピ■

◀きなこ白玉

材料（４人分）	
きなこ	
白玉粉	２００ｇ
水	１９０ｃｃ
お好みで砂糖	

調理器具
ボール
鍋
計量カップ
おたま

【調理工程】　ちぎる＋まるめる

①

白玉粉に水を少しずつ入れながら手で混ぜ、生地がまとまってきたら一口大に千切って丸める

②

全部丸めたら沸騰したお湯の中に入れ、浮かび上がってきたら冷水につけておく

③

水気をよく切ったら、ボールの中にきなこを入れてその上に白玉を乗せて転がして全体に付いたら完成

▼ゼリー

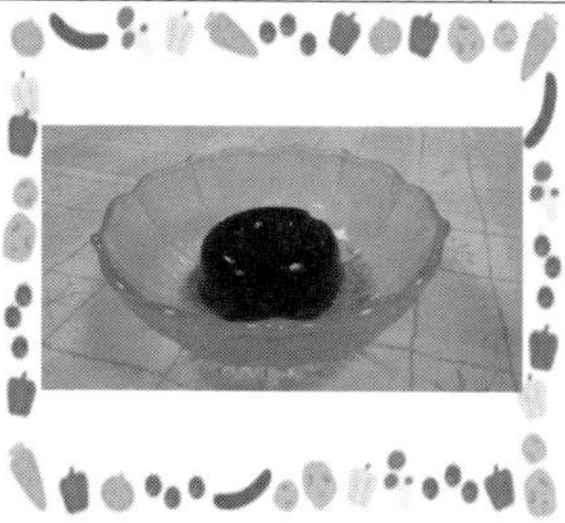

材料（４人分）	
ゼラチン	
ジュース（お好みで）	２００ｃｃ
お湯	５０ｃｃ

調理器具
カップ

【調理工程】　そそぐ＋まぜる

①

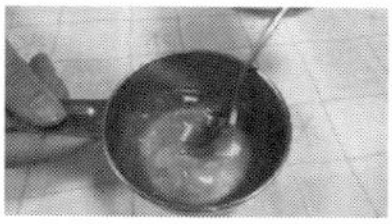

５０ｃｃのお湯にゼラチンを入れて溶かす

②

ジュースの中に溶かしたゼラチンを入れて混ぜる

③

カップの中に②を注ぎいれて冷蔵庫で冷やす

④

冷えて固まったら完成

見守りポイント

子どもが
できるように
なった動作から，
レシピを
発想する。

サイン28 草花あそびから、食べものへの興味のサイン《サイン》を引き出す

食べものに対して「気持ち悪いからいやだ」などと言う子どもがいます。これは、生き物に対する親しみの気持ち、「生き物への親和性」が低いことから起きていることだと思います。

でも、**自然の中でたくさんあそぶことで、食べものへの興味・関心もどんどん深まっていきます**。私たちが食べているものは、もともとは「自然界にある生き物」だからです。そう考えると自然物であそんだりすることも食育の一環となるのです。例えば、さつまいもの葉の葉脈は、人間の手の血管そっくりです。この「生きるためのデザイン」をただ見るだけでも、「さつまいもは生きているんだ、自分たちと同じなんだ」ということが、2歳児でもリアルにわかります。

栽培活動をやっていなくても、園庭や公園の草花で十分。草花に興味をもち、こすり出しなどで楽しくあそんだあと、「この葉っぱ、園のごはんで食べる水菜やほうれん草と似ているね」と伝えれば、食べものへの興味が膨らむきっかけになるでしょう。

左で紹介している「葉っぱジャンケン」は、人気のあるあそびの一つです。ここに、給食で使うチンゲン菜の葉っぱ一つでも加えてみたら、ワクワクですね。

■葉っぱジャンケン■

園庭で見つけた葉っぱを，特徴ごとに3種類に分類する。ジャンケンの勝ち負けよりも，葉っぱを見て色々な形があること，さわったときの感触の違いなどを楽しめるとよい。

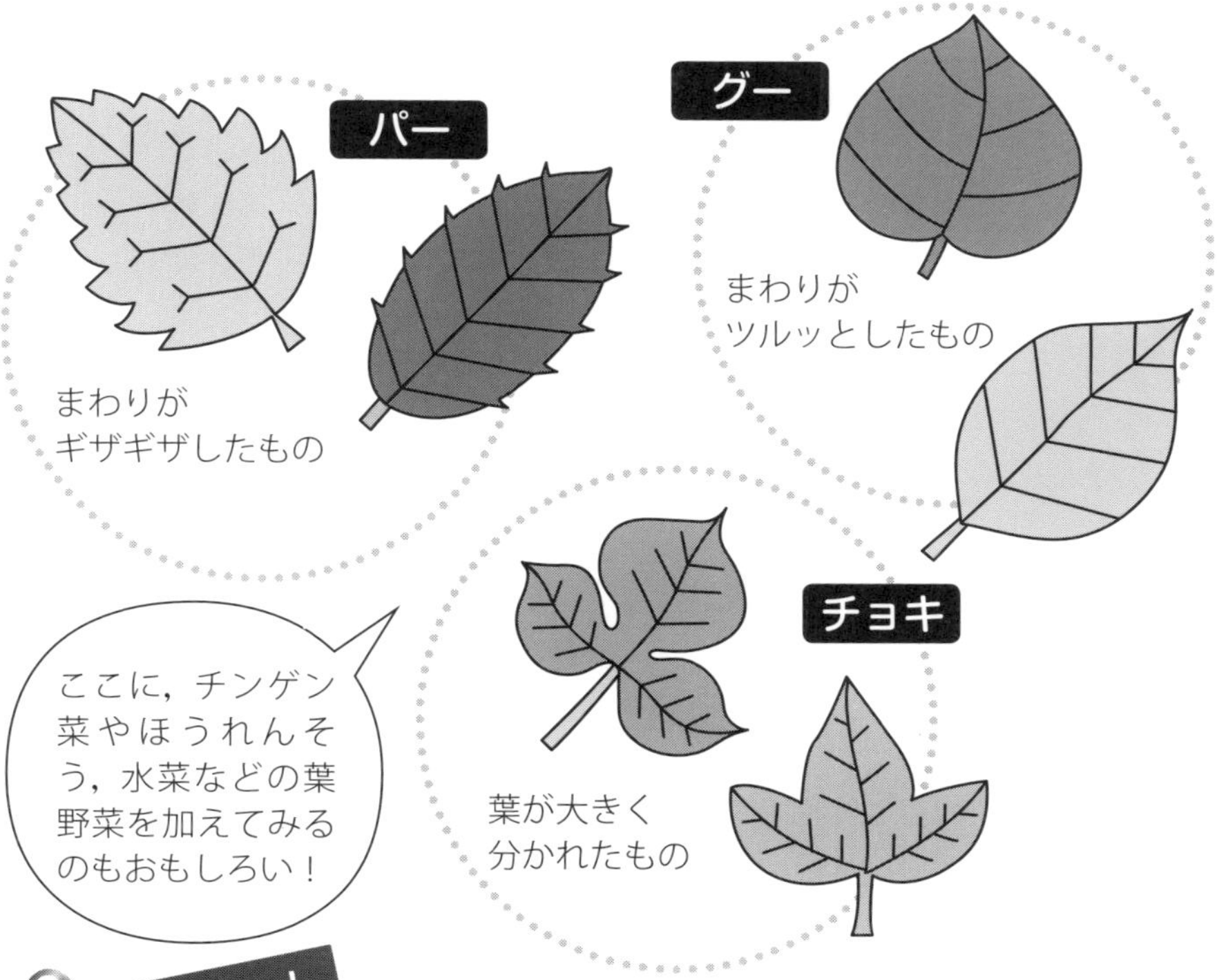

ここに，チンゲン菜やほうれんそう，水菜などの葉野菜を加えてみるのもおもしろい！

見守りポイント

身近な自然とあそぶことで，食べる意欲を育てることができる。

column

絵の描き方に見る発達のおもしろさ

子どもの絵を見ていると，人間の発達が手だけでなく全身の発達，そして心の発達ときれいにリンクしているのがわかります。

クレヨンを握ることができるようになると，最初は左右に殴り書きのように線を描いています。これは，腕を上下，左右に振ることができるようになったので，そうした表現が可能になったことを表します。そして次に，腕を回すことができるようになり，丸い形が描けるようになります。

この段階でのいちばんのポイントは，「点からスタートして戻ってこられる」，つまり輪っかの端が閉じて丸が描けるということ。実はそれには，かなり高度な腕と指先のコントロールができなくてはなりません。これができるようになると，自分の描いた丸はただの丸じゃなくて，「これはお母さん」「これはトラック」と言うようになります。自分のイメージを形にできるって，さらに高度なことなのです。

そうなるとおもしろいことに，見立てあそび，ごっこあそびもできるようになってくるのです。

第3章

着脱を見守る

29《サイン》 ぐずる、ごねる行為は、〝同意していないよ〟というサイン

食事でも着脱でも排泄でも、**次にやる行為を言葉で伝え、子どもが同意するのを確認してからやるのが大事です。これによって、子どもが先の見通しを立てることができるからです。**

よく「自分でやろうとしない」という嘆きの声を耳にしますが、どんなに小さい子でも、「こうしたい」という気持ちは必ずもっています。それと現実をマッチングさせるためにも、できるだけ見通しの立つ状態が増えるように配慮すると、子どもたちの不安も消え、主体的な行動となって現れます。

例えば、ズボンが濡れたとき、黙っていきなりズボンを下ろすのではなく、「濡れちゃったね。冷たいね」「きれいなズボンに替えようね」「気持ちがよくなるからね」と言葉にしてから始めると、子どもにも見通しが立つようになり、次第にぐずることもなくなります。

ぐずる、ごねるという行為は「今はそれをやりたくない、ほかのことをやりたい」という**〝自分は同意していないよ〟というサインです。**だから、「今からおむつを替えようね」「ズボンを替えようね」と同意をとること。子どもを対等な人間として認め、小さな約束を積み重ねる習慣が自立性を高めます。

■小さな約束の積み重ね■

ズボンを
上げるよ

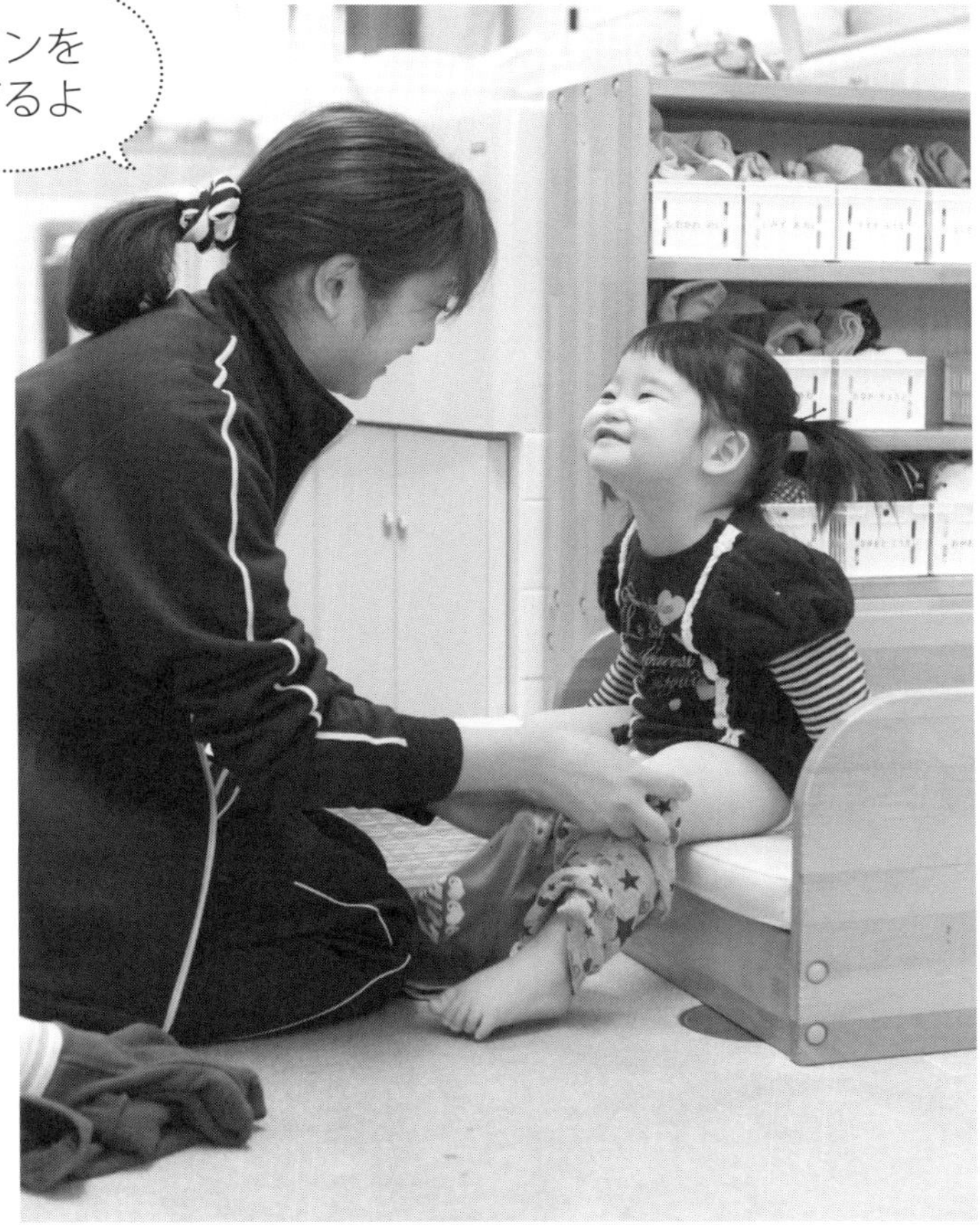

子どもが見通しを立てられるように，これからやることを言葉で伝える。子どもの同意をとることで対等な人間関係をつくり，信頼感へとつなげていく。

見守りポイント

子どもが見通しを立てられるように，「○○しようね」などと声に出して伝える。

サイン30 「協力動作」が出れば、見通しが立つようになったというサイン

「シャツを着せるから、手を上げてね」「頭を入れたらちゃんと見えるようになるよ」……。

このように、**〝これからやることを声に出し、同意を確認する〟をきちんとやり続けていくと、子どもはどんどん見通しが立つようになり、自分から主体的に着脱しようとするようになります。**

例えば0歳児でも、食事の前にエプロンをつけるとき、子どもにエプロンを見せて「エプロンつけようね」と声をかけてからやると、そのうち、何も言わなくても自分から頭を出して、エプロンをつけやすいようにしてくれます。これを「**協力動作**」と呼んでいます。

協力動作が出てきたら、それは見通しが立つ状態が一つ確立して、つぎのステージに立ったということ。もっと進むと、エプロンを広げて見せたときに自分でつかんでかぶるようになります。これがやがて、洋服を着る動作につながっていきます。「着せてもらっている」のではなく「自分で着ている」という意識をもっている証拠でもあります。

協力動作が出やすい環境は、落ち着いて安心して生活できる環境です。このような環境を整えていくにつれて、食事にも着脱にもあそびにも集中できるようになるのです。

■協力動作の一例■

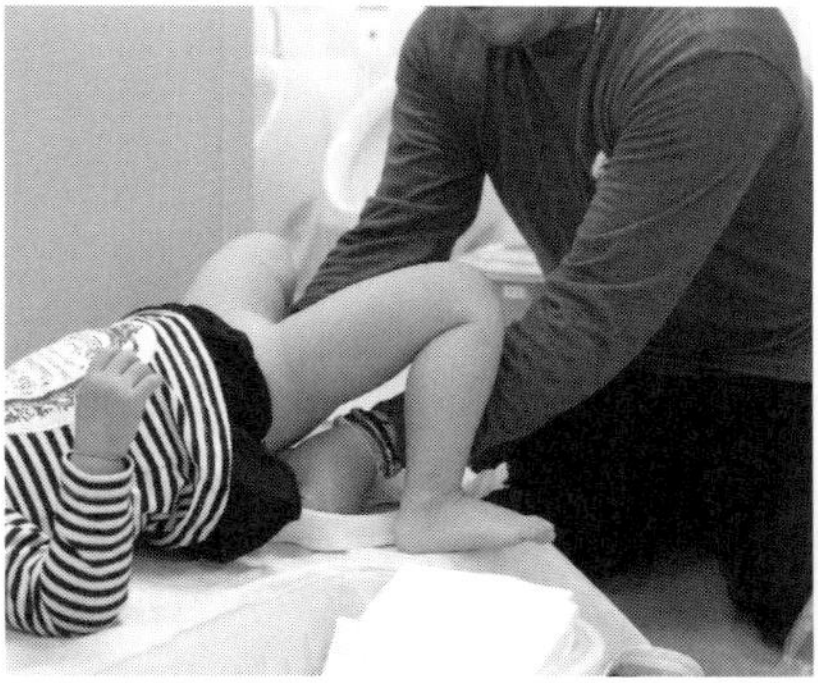

おむつを替えるとき，
おしりを上げる。

ズボンを差し出すと，
足を上げる。

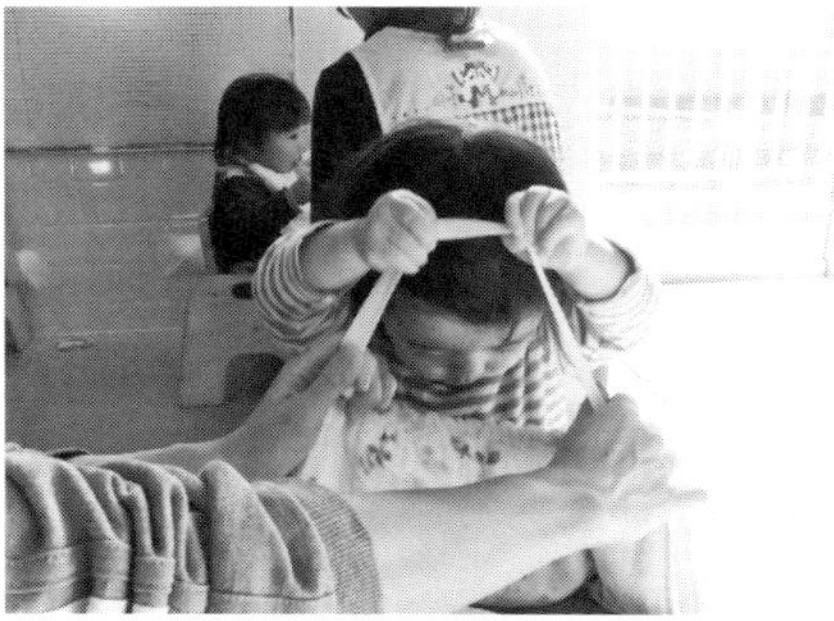

エプロンを見せると自分から
らつけようとする。

見守りポイント

子どもの見通しが立つように介助すると，
「協力動作」が出てきて着脱がスムーズになる。

31 さりげない介助で、「できたよ！」のサイン《サイン》を引き出す

ズボンをはくとき、前のほうを持ってはく子は、はいたあとお尻がちょっと出てしまっていることがよくあります。そんなとき、「まだ下手だから」と全部大人がやってしまうのではなく、さりげなく手を添えて助けるようにします。できないところだけ介助するのです。

着脱のときも子どもは、できたところを見てほしくて、**たくさん「できたよ！」のサインを出しています。**そのつど「小さな報酬」で応えながら、できないところだけ介助すれば、「自分で着替えている」という意識が高まり、どんどん自信につながります。**重要なことは「できることを奪わない」ことです。**

まだちゃんとできないからといって大人がすべてやってしまうと、3歳ぐらいになってもただ立っているだけで、袖を通そうとしない子どもに育ってしまいます。子どものために、という想いが、逆に子どもの成長するチャンスを阻害しているのかもしれません。

自分から着替えをしないのは、できないのではなく「どうしてよいかわからない」というSOSのサインを発していると見るべきでしょう。先にも述べたように「見通しを立てられるように」、そして「くり返す」ことで、「自分でやる！」の気持ちも育ちます。

■さりげない介助の一例■

スプーンを持つ手が動かしやすいように，ひじを軽く支える。

ズボンをはいているときに，後ろから手を添えてはきやすくする。

ハサミを広げやすいように，手を添える。

見守りポイント

どこまで子どもがやって，どこから介助するかを見きわめる。

サイン32 手助けするときは、子どもの同意のサインを確認してから

着脱のとき、いきなり後ろから「はい、万歳して！」と腕を持ち上げられたら、びっくりしてしまいますね。また、食事のときのエプロンも、後ろから黙っていきなりかけられたら目の前がさえぎられて、子どもは安心できません。

このように、保育の中では〝食事のときにはエプロンをつける〟ということだけが目的化し、介助が流れ作業になってしまい「後方から急に介助する」「覆いかぶさるようにして介助する」という場面がけっこうあるものです。手洗いのときもそうで、後ろからくっついて手をゴシゴシと介助していることがよくありますが、体の大きい大人に後ろから覆いかぶさられると子どもは不安に感じるでしょう。**手助けするときは隣や前に座り、大人の存在を感じさせたあとに、目を見てちゃんと伝え、同意を確認したいものです。**

私たちは研修のときに、職員どうしで食事の介助をしたりして、「介助される側」の気持ちを体験する研修をおこないます。そうすると、「これはいやだな」「もっとこうしてほしい」ということがリアルにわかります。**いつも、「自分がされたらどうだろうか？」という視点**をもっていたいですね。

■背後から介助する場合■

やむを得ず背後から介助する場合は，いきなり覆いかぶさらずに，声かけをして介助者の存在を感じさせてから。

見守りポイント

背後から介助をするときには，
不安感を与えないように工夫する。

サイン33

最上級の学び、〝ごっこあそび〟でサインを逃がさずキャッチする

着脱の技術もあそびの中でどんどん身につけていくことができます。ボタンやファスナーがついたおもちゃも役に立ちますが、人形のおむつを替えたりおんぶしたり抱っこしたり、スプーンでなにかを食べさせたりするような、初歩的なごっこあそびの中で覚えていくと、より想像力が刺激されます。

自分が体験したことを再現するのがごっこあそびですが、そのとき子どもたちは行為だけでなく、「着替えようね」「気持ちよくなったね」などと、声かけもまねしています。これは、行為と感情をセットで学んでいるというサインです。

人間は、人のまねをすることで「学ぶ」存在です。**ごっこあそびは最上級の総合的なあそび**といえるでしょう。子どもが人形のおむつ替えや着替えをしていたら、そのとき**最上級の学びが進行していると意識して、「できたよ！」のサインを逃さず受け止めましょう。**

「ごはんを作ったので食べて！」「おいしそうでしょ！」といった子どもたちの発言や行動は、保育者や親がモデルとなっています。そのため、まねされるモデルである大人の態度はとても重要です。まねをしたいと憧れる対象がなければ、ごっこあそびは起こりませんから。

■ごっこあそび■

人形のおむつを替える。手順やおむつの扱い方を模倣できているかを見る。

レンゲでぬいぐるみに食事を食べさせる。レンゲの使い方や，握る手を見る。

人形の服を脱がせる。着替えさせる手順，ボタンやファスナーの扱い方などを見る。

見守りポイント

生活技術を習得する動きのある「ごっこあそび」ができる環境づくりをする。

サイン34 待ち時間を楽しめるのは、学びの目が育っているサイン

着脱の場所は決まったところにしているので、着替えの順番を待つための椅子を作りました。そこに座っている間、ほかの子どもが着替えるのを見ることができますから、その時間も「待たされている」のではなく「学習」の場となり、無駄にはなりません。

ですから、順番待ちの椅子は着替えているところがよく見えるような場所に置くようにしています。「ここに座って、○○ちゃんが着替えるのを見ていてね」などと声かけして目的をもたせれば、子どもは待たされているという意識をもたず、その時間も楽しんでいます。**待つ時間を楽しんでいたら、見通しが立つようになったという、学びの目が育っているサインです。**

食事のときも同じで、保育者やほかの子どもがはしを使っている隣でスプーンで食べている子どもがいたとします。自分がはしを使わなくても、はしで食べている人を見た経験は蓄積されていきます。

これを**「見るだけ参加」**と呼んでいるのですが、**見るだけでもとても大きな意味があります。**今はできなくても未来のためになっている時間、種をまくような時間だといえるでしょう。

■「見るだけ参加」のできる椅子■

友だちの様子を見ることで，学習の場となる。

椅子の置き方一つで，自分の居場所を認識して，有意義に待てるようになる。

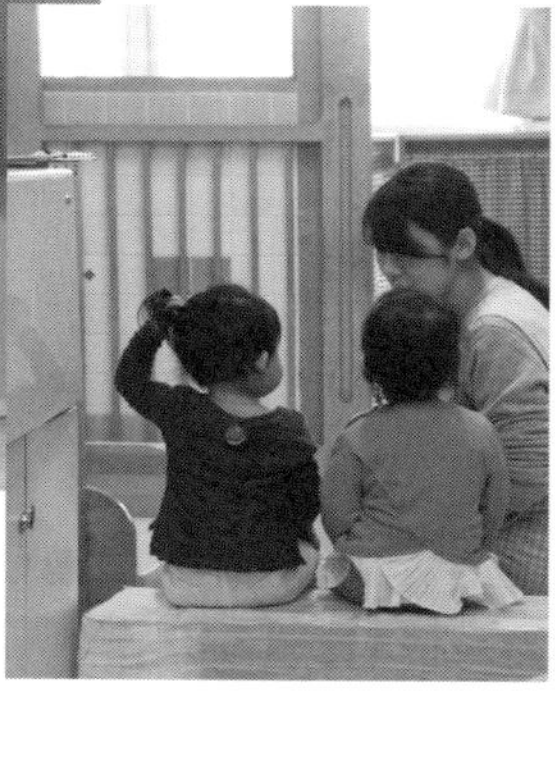

外あそびに行く前の，準備スペースとして。

見守りポイント

順番待ちの時間を，ただ待つだけに終わらせないための工夫をする。

column

「清潔」をどう考えるのか

園は子どもたちが集まる場所だから，安全で清潔でなくてはならない。それは疑いようのない常識だと考える方が大半だと思います。でも，「安全」も「清潔」も，よく考えてみると定義のむずかしい概念です。

清潔についていえば，消毒液を使ってどこもかしこも菌を殺した気持ちになっていることには疑問を感じます。先日読んだ本に「腸内細菌は住んでいる地域によって違う」ということが書いてありました。例えば，日本人には海藻の成分を分解する腸内細菌があるけれど，西欧人にはそんな菌はいないのだというのです。

ということは，外国に行っておなかを壊すというのは，その国の衛生状態が悪いというより，腸内の状態と食べものの相性が悪いということになるのではないでしょうか。

暮らす地域の常在菌とうまくつきあっていくことが，免疫《めんえき》力《りょく》アップにつながります。消毒液に頼りすぎるより，「ごみが落ちていない保育室」という考え方でもいいんじゃないか。たくさん外あそびをして免疫力をつけ，手洗いはきちんと。それが私の考える園の清潔の基本です。

第4章

清潔・排泄を見守る

サイン35 自分から鼻をかむのは、体に興味をもち始めたサインのひとつ

鼻をかむことは、体から出てきたものにどう対処するかという意味で、おしっこやうんちと似ています。

まだ自分でかめないときは、「お鼻が出たからふこうね」と言って鼻水をこまめにふきます。少し大きくなったら、「お鼻が出たね」と言葉で知らせてあげると、鼻を大人に向けるなど「協力動作」が出てきます。そして徐々に鼻の片方ずつかむことを知らせ、仕上げを手伝います。「こうすると気持ちいいね」という言葉を添えてていねいに伝えていけば、3歳では鼻が出たら自分から鼻をかみに行き、片方ずつていねいにかんでふき、ティッシュペーパーはきちんとゴミ箱に捨てることができるようになります。このような行為は、自分の体に興味をもち始めたサインといえます。

鼻かみを重視するのは、口呼吸にはマイナス面が多いため、鼻呼吸を大切に考えているからです。それは、細菌が直接のどに向かい風邪をひきやすくなったり、口をあけている時間が長く口内が乾燥してしまうことが理由です。また、口呼吸で呼吸が浅いということは、絶えず酸欠状態になっているのと同じことなので、脳が活発に動きません。

■鼻のかみ方■

1 ティッシュをたたむ。

2 鼻を片方ずつ押さえてかみ，鼻水をふきとる。

3 汚れた部分を内側に入れ込んでたたみ，ゴミ箱に捨てる。

見守りポイント

鼻呼吸を大切にする意味からも，鼻をこまめにかむよう，言葉を添えて，ていねいにやり方を伝える。

サイン36 ペングリップができたら、自分で歯磨きができるサイン

「バブバブ」「マンマ」といった、唇を使う発音しかできなかった赤ちゃんが、乳歯が生えてくると「だっこ」「おてて」など、舌を歯につけて発音することができるようになります。乳歯は発語においても重要な役割を果たしています。

そんな大切な乳歯ですが、心配なのは虫歯。「乳歯は永久歯よりもやわらかく、虫歯の進行が早いから要注意」という情報があふれているので、心配する保護者も多くいらっしゃいます。そんなとき、「歯磨きのポイントは量より質」ということを伝えています。虫歯は短時間で急激に増えるものではなく、何日もかけてプラーク（歯垢《しこう》）化していくため、**1日1回ゆっくりていねいに磨いて、虫歯のリスクを下げることのほうが大切だからです。**

歯磨きは、同じ人・時間・場所でおこなうことを保護者にお願いしています。大人が正座し、太ももの上に頭をのせると口の中もよく見え、子どもも落ち着きます。自分で歯磨きをするようになる時期は、ペングリップができるようになってからが目安になります。ペングリップで持てると、力を入れすぎることがないので、歯や歯ぐきを痛めるなどのリスクを減らすこともできます。

■歯磨きの仕方■

大人がおこなう場合

正座して太ももの上に
子どもの頭をのせる。

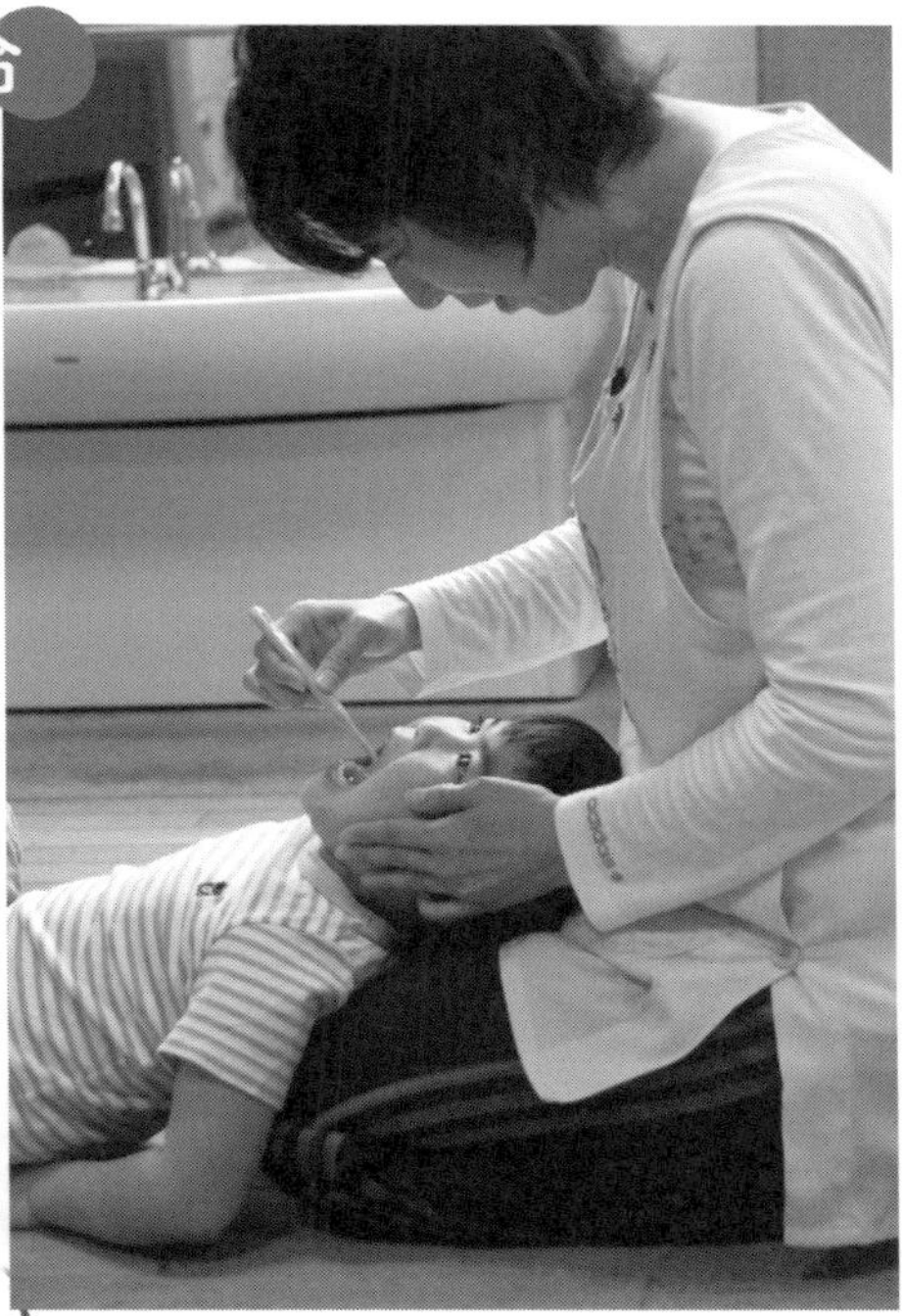

子どもがおこなう場合

ペングリップで持てるように
なったら，自分で歯磨きできる。
歯に歯ブラシが直角にあたるよ
うにして，横に動かす。

見守りポイント

乳歯の歯磨きは自宅で１日１回ゆっくり，
ていねいにするよう，保護者と確認する。

サイン37 おむつ替えを嫌がるのは、排泄の習慣を理解していないサイン

家庭でのおむつ替えは、あるときはリビング、あるときは寝室、あるときはお風呂場で、というように、そのつど違う場所でおこなうことが多いようです。でも、このようにしていると、子どもがおむつ替えという行為の意味を認識しづらいので、**おむつ替えは一種の「儀式」と考え、場所を一定にすることをおすすめしています。**

〝おしっこが出たみたいなので替える〟という理由でおこなうと「おむつは替えてもらうもの」という認識になっている可能性も。小さなことですが「やってもらう」ではなく「自分で」という仕掛けが大切です。一定の場所でおむつ替えをすると、子どもも**「ここに来たらおむつを替えて、きれいになって気持ちがよくなるんだな」とわかって安心し、ぐずる、ごねるがなくなります。**おまるも同じです。嫌がるとしたら、排泄の習慣をまだ理解していないサインです。

日常の保育においても、食事・着脱・排泄の場所をすべて一定にすることで、子どもに一日の生活の流れをわかりやすく示すことができます。場所を決めればルールもわかりやすくなり、その年齢なりの見通しを立てることがグッとかんたんになります。そうするうちに、マイルールで動けるようになっていきます。

■排泄場所を一定に■

おむつ替えのスペースを便器のそばに設置することで,「ここはおしっこ（うんち）の場所」という認識を子どもにもたせることができます。その後のトイレトレーニングにもつながっていきます。

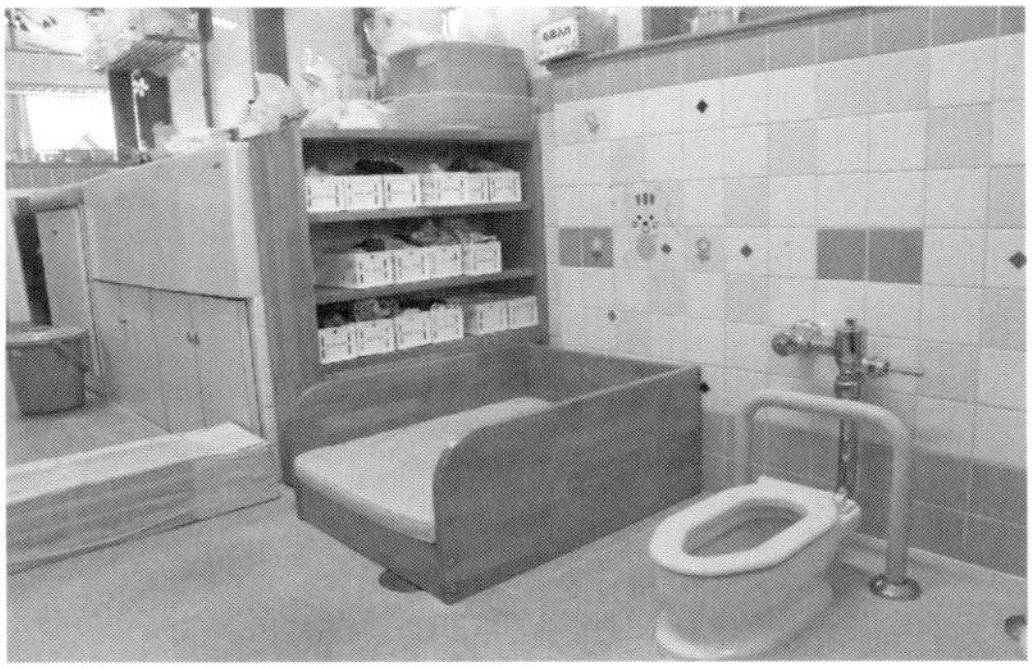

おむつ替えコーナーのレイアウト

見守りポイント

あちこちでおむつ替えをせず,
一定の場所に決めれば子どもは安心する。

38《サイン》 排泄の間隔や量の変化は、体の発達を知らせる大事なサイン

保護者との間でも、トイレトレーニングを何歳から始めるか、ということがよく話題になります。けれど、他の子どもと比べることで一喜一憂されては、子どもは困ってしまいます。おむつが取れるということは、器用さや賢さの証明ではありません。成熟の度合いを表しているだけという認識が大事です。

まずは、どのくらいの間隔でおしっこが出ているかを確認してみましょう。30分おきの子もいれば1時間ぐらいもつ子もいて、かなり個人差があるものです。おむつをあけてみたら「あれ、出ていない」ということがあります。そう思って記録を確認すると、1日8~9回だったのが、いつのまにか6回に減っていたなんてことがよくあります。

回数が減ったということは、おしっこをためられる量が増えてきた証拠です。ということは、出る前に知らせることもできるのです。そうなったら子どもに、「濡れたら教えてね」「出たら教えてね」と伝えられますね。**排泄の間隔や量の変化も、子どもからの大事なサインです。**おむつがなかなか取れないからといって、トイレトレーニングという大人の都合で、長い時間おまるに座らせっぱなし、なんてことは絶対に避けましょう。

記録表の一例

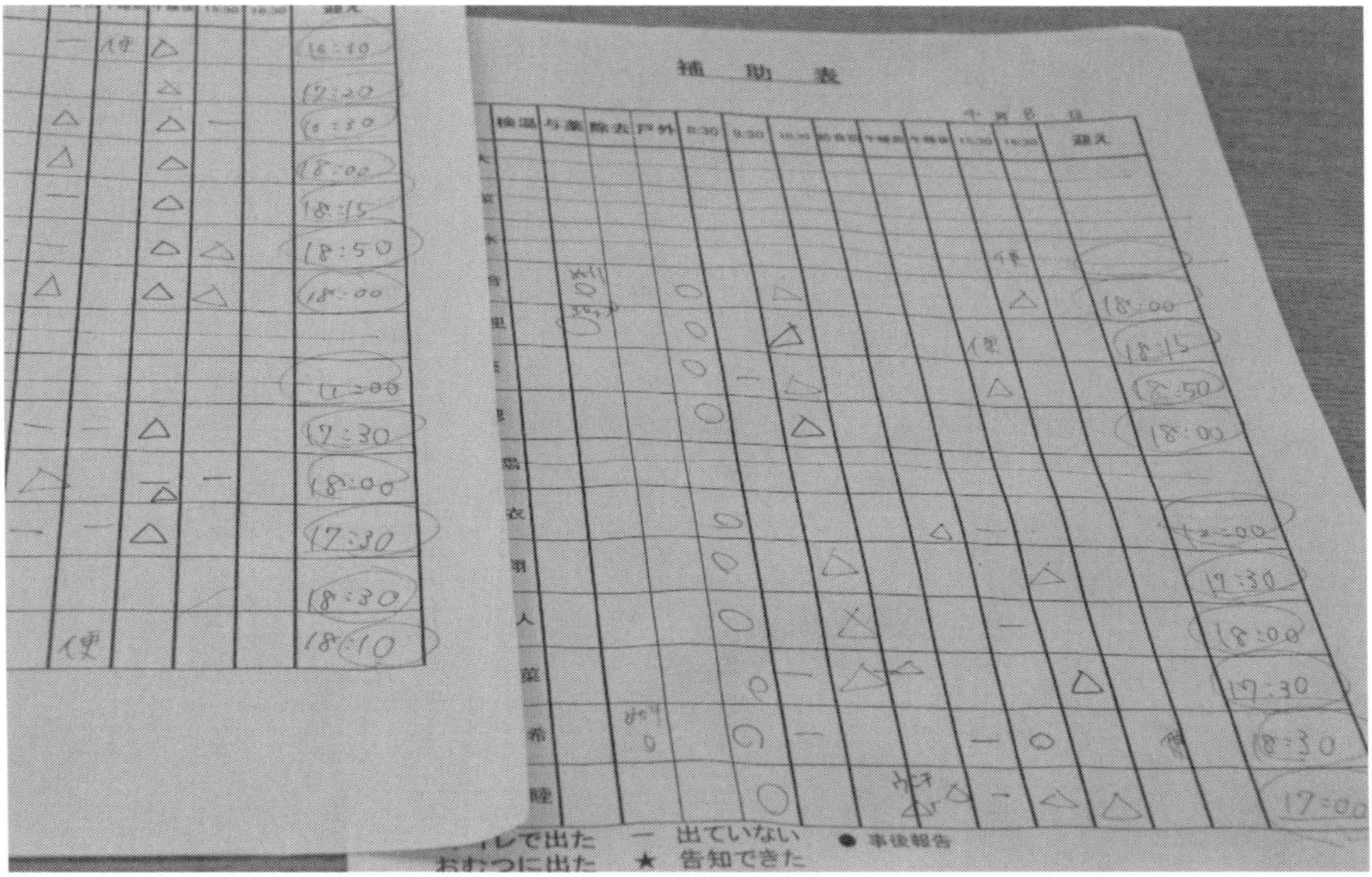

おしっこやうんちを記録する表。排泄以外，生活のなかで確認したいこともいっしょに記入して1日の健康状態を確認しやすいようにしている。

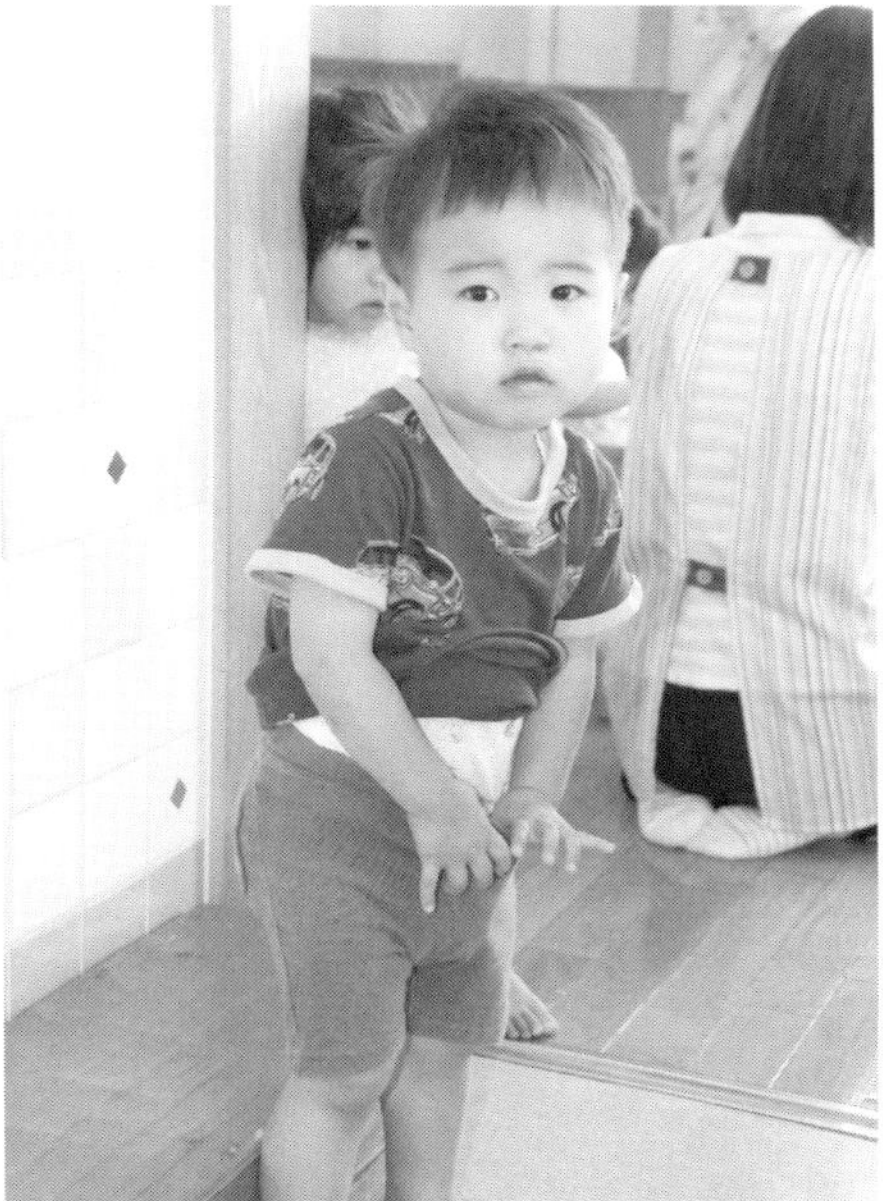

「おしっこがしたい」のサインを出す子。

見守りポイント

おしっこ回数の変化に注目して，トイレトレーニングにつなげていく。

サイン39 うんちは貴重なサインのかたまり

　大人がうんちを見て、お尻をふき、語りかけることとは、子どもが小さいときだけに与えられた貴重な時間です。堂々とうんちを見て健康を確認できる時期は長くないのですから、ぜひ大事にしたいものです。おむつ替えという行為そのものに集中するあまり、うんちそのものはあまりよく見ていないことがありますが、それは子どもからの貴重なサインを見逃していることになります。

　子どもは体が大きくなっても、思った以上に腸は未発達です。**離乳食に関していえば、咀嚼《そしゃく》嚥下《えんげ》とはまた別に、腸内で消化されているかどうかという問題もあります。それはうんちでしか判断できません。**

　うんちを見て未消化のものがあれば、まだそれを受け入れる腸内環境が整っていないということですから、食材や調理方法を検討したほうがいいでしょう。

　また、子どもがうんちに興味をもつことは、自分の体や健康に興味をもつことです。それは自分を大切にすることにつながります。うんちこそ「いいのが出たね」「りっぱだね」と評価していくことが大事だと思うのです。

■うんちをテーマにした絵本■

うんちをテーマにした絵本をくり返し読み聞かせることで，
子どもたちの興味・関心を深めていきます。

園で0•1•2歳児によく読み聞かせている，
うんちをテーマにした絵本。

『はるちゃん　トイレ』
（中川ひろたか文　田中靖夫絵　文溪堂）
『みんなうんち』
（五味太郎文・絵　福音館書店）
『はけたよ　はけたよ』
（神沢利子文　西巻茅子絵　偕成社）

見守りポイント

離乳食の進め方を判断する際にも，
うんちは大事なサインであることを認識する。

サイン40 うんちは私たちの内なる自然からの大いなるサイン

子どもにとってうんちは、ふしぎそのものです。食べたものとは全く違うものが出てくるのですから。うんちは子どもだけでなく、私たち人間が、内なる自然と出会う大きなチャンスでもあります。

大ざっぱないい方ですが、「入り」を問題にするなら「出」も大切にしなくてはなりません。水分を摂取したら汗をちゃんと出す、それがよい代謝の循環《じゅんかん》です。**「出す」ことの大切さはどんな場面についてもいえます。子どもが何かを学んだり感動したら、それを表現できるようになるとよいです。**話をいっぱいしたり、絵を描いたり、歌をうたったり……、表現が豊かになるほど保育も充実します。

大人でも全く同じことです。例えば研修に行ったら、自分なりにそれを外に向けて出すことを心がけるとよいですよね。文章化するのでも、プレゼンテーションでもよいのですが、それによって次の展開につなげることができます。

「入れたら出す」を意識すること。うんちについて考えることのいちばんの教訓はそれかもしれません。

■表現力は「出す」ことから■

「トマトができた！」と喜ぶ子どもたち。

豆の収穫後，どんなふうに豆がさやに入っていたのかを造形あそびで表現する様子。

見守りポイント

「入れたら出す」ことの大事さを意識する。

監修者　くらき永田保育園

（福）久良岐母子福祉会は，子どもと家庭の福祉を支援するために保育所，乳児院，母子生活支援施設といった児童福祉施設にこだわった運営をしている。

待機児童が社会問題化した平成 14 年，「子育て街育て！」をモットーに，くらき永田保育園（神奈川県横浜市）を開園する。「子どもの文化の啓発」「食育」「子どもの野外活動」などの特色をもち，アーティスト・職員・街の様々な人々が，子どもにかかわりながら保育をつくり上げている。「一生想い出に残る保育」になるよう，ストーリー性のある保育のつながりを大切にしている。

著　者　鈴木八朗

社会福祉士。（福）久良岐母子福祉会常務理事。
東洋大学社会福祉学科卒業後，社会事業大学研究科を経て母子生活支援施設くらきの指導員となる。同施設の施設長在任時にくらき永田保育園の新設にかかわり現在に至る。趣味のアウトドアを生かし，「こども環境管理士」として，子どもの環境教育や自然体験の普及に努めている。
ブログ●八朗園長の“遊びをせんとや生まれけむ”　http://kids.starsol.jp/

撮影協力　塩崎　享
イラスト　吉見礼司
装丁・デザイン　ベラビスタスタジオ
取材・編集協力　斎藤真理子
編　　集　こんぺいとぷらねっと

40のサインでわかる乳幼児《にゅうようじ》の発達《はったつ》

2015年 7月20日	初版発行	監修者	くらき永田保育園《ながたほいくえん》
2024年 4月10日	27刷発行	著　者	鈴《すず》木《き》八《はち》朗《ろう》
		発行者	武馬久仁裕
		印　刷	株式会社 太洋社
		製　本	株式会社 太洋社

発　行　所　　株式会社 黎《れい》明《めい》書《しょ》房《ぼう》
〒460-0002　名古屋市中区丸の内 3-6-27　EBS ビル　☎ 052-962-3045
FAX 052-951-9065　振替・00880-1-59001
〒101-0047　東京連絡所・千代田区内神田 1-12-12　美土代ビル 6 階
☎ 03-3268-3470

落丁本・乱丁本はお取替します。　ISBN978-4-654-06095-5